Anonymus

Aristoxeni

Anonymus

Aristoxeni

ISBN/EAN: 9783741179020

Manufactured in Europe, USA, Canada, Australia, Japa

Cover: Foto ©Andreas Hilbeck / pixelio.de

Manufactured and distributed by brebook publishing software
(www.brebook.com)

Anonymus

Aristoxeni

ARISTOXENI

MVSICI ANTIQV·ISS.

HARMONICORVM ELEMENTORVM
LIBRI III.

Cl. Ptolemæi Harmonicorum, seu de Musica lib. 111.

Aristotelis de obiecto Auditus fragmentum
ex Porphyrij commentarijs.

*Omnia nunc primum latine conscripta & edita
ab Ant. Gogauino Grauiensi.*

CVM PRIVILEGIIS.

VIN CENT

Venetijs, Apud Vincentium Valgrisium
M D LXII.

ILLVSTRISS.MO PRINCIPI VESPASIANO GONZAGAE COLVMNAE MARCHIONI

Rotingiq; Comiti patrono ſuo colendiss.

Ant. Gogauinus Grauienſis.

CVm in diem natalem tuum diuq; exoptatum ad nos reditum offerre tibi aliquid & ipſe de more cogitarem, nec Byſantinam hiſtoriam abſoluere per Medicinæ factitandæ negotia potuerim: viſum eſt non ab re fore, ſi, quorum editionem forte adornabam, Ariſtoxeni & Cl. Ptolemæi hactenus deſideratos Harmonicorum libros tuo nomini nuncuparem, quod ſciam te qua es iudicij acrimonia præditus, non ex mole voluminum: ſed autorum dignitate potius; & cuius te ſtudioſum apprimè nouimus, antiquitate, hoc quidquid eſt muneris æſtimaturum. Enimuero qui nouos commentarios quantumuis prolixos principibus viris dedicant, incertam illi dubiamq; rem agere videntur, quod nondum conſtet, an vitalis hic partus genio bono dextraq; Lucina prodierit: qui vero antiquiſſimos extraq; omni ingenij aleam poſitos ſcriptores aut è tenebris eruunt, aut

etiam latinitate donant, ij demum explorata adeoq́,
perpetua nuncupatione cuiuſque nomen immortali
ſeculorum memoria commendant: præſertim ſi quale tuum virtute & factis egregiis celebreq́, pru-
dentia fama ab ſe clarum ſit, quippe quem haud
dum ſcio.
    Iuſtitiáne prius mirer belliúe laborum ?
Sed non eſt cur hic in laudes digrediar tuas, neque
addubito quin earum ſplendore ſpecieq́, præſens ipſe
maleuolorum quorundam obſcura de te iudicia &
nigra loliginis ſucco vitiata diſcutas.   Uale Sablo-
neta tua.   Cal. Decemb. 1 5 6 1. ___ ___

Candido Lectori.

VM pridem libros Harmonicorum Cl. Ptolemæi in multorum gratiam edere statuissem, submonuit me doctiss. Musicus Iosephus Zarlinus clodiensis, vt Aristoxeni quoq; eadem de re libros, paucis hactenus visos, in Latinum sermonem transferrem, & Ptolemæo, quamuis ab illo dissentienti, adiungerem. Quod, vt lubenter me facturum recepi, ita ægrè tandem præstiti, nimirum unico exemplari, eoq; non satis integro nixus : nec sanè adduci potuissem, vt hanc interpretationem ederem, si correctoris exemplaris spes alicunde superfuisset. neque me à conferendo labor deterruit, quem in Ptolemæo impigrè cœpi, cuius Harmonicorum complura exemplaria ex Vaticana bibliotheca cum meo, & D. Marci accuratè contuli: non ueritus etiam Clariss. & multiplici doctrina præstantem virum Danielem Barbarum Aquilegiæ Patriarcham Des. de locis quibusdam obiter consulere. At ne vbi vbi minus clara esse lectio videbitur, ilico corruptam quoque existimes, L. Vitruuium audi quæso, qui in opere de Architectura, suo pleraque ex Aristoxeno, vt ait, Harmonica transcripturus præfatur totam hanc Musicam literaturam obscuram esse & perdifficilem, præsertim

sertim cui Graecae literae ignotae sint. Quod ideo hic
refero, vt quàm ille sibi veniam dari perplexae oratio-
nis postulat, eam multo magis eodem in argumento
mihi quoque deberi memineris. Valete nostramque
operam boni consule.

HARMONICORVM
ELEMENTORVM ARISTOXENI,
· LIBER PRIMVS.

Vm de cantu scientia uarias in partes, & in plures diuisa species sit, unam quandam ex ipsis opinandum est esse harmonicam (ita enim uocatur) tractationem, quæ tum ordine prima sit, tum elementari facultate præstet. Omnium enim in contemplationem uenientium prima existit; ea uerò sunt, quæcunque ad systematum,idest,complexionum & tonorum consyderationem tendunt. Decet enim nihil ulterius ab eo quærere, qui dictam possideat scientiam, quippe finis hic est istius negotij: quæ uerò supra hunc penficulantur, ut cum poetica facultas complexionibus tonisq; utitur, non iam huius funt, uerum eius, quæ & hanc & alias continet scientiæ, quibus omnia, quæ ad Muficam attinent examinantur: hic uerò ille est Mufici habitus. Qui igitur nos præceffere, tantum harmonicos se esse profeffi funt, quippe qui harmonicam duntaxat attigerunt, aliorum uero generum notitia caruere : argumento funt defcriptiones, quæ ipfis harmonicarum tantum extant complexionum. diatonarum uerò aut chromaticarum notitiam habuit nemo : etenim defcriptiones illorum indicant omnem melodiæ feriem, in quibus fanè de complexionibus octo chordarum harmoniarum duntaxat egere,de aliis autem generibus & figuris tam in ipfo genere eodem quàm in reliquis, ne tentauit quidem ullus refcire fed deguftata tantum ex tota melodia unius generis parte tertia,magnitudine uero Diapafon,hic omnem operam exegerunt : nam quod nullum perfecerint modum , neq; in iis ipfis, quæ attigerunt, ferè à nobis oftenfum eft in prioribus , cum opiniones harmonicorum perfpiceremus , nihilo minus tamen & nunc clarum erit enarrantibus nobis omnes negotij partes, quot nam fint , & quam fingulæ uim obtineant. Quarundam enim omnino ne meminiffe quidem ipfos inueniemus,aliarum uerò non fategiffe, quare cum id obiter oftendemus , tum propofitæ rei formam quænam

nam sit contemplabimur. Primum ergo & ante omnia uocis motum in loco definire oportet ei, qui de cantu. agère uult. neq; enim unus exiſtit illius modus, nam mouetur & loquentibus nobis & cantantibus ea quam dixi, secundum locū, motione : acutum enim & graue in ambobus eſſe conſtat; eaq; per motum localem efficiuntur, ſed non eadem ſpecies utriuſq; motus exiſtit. qua de re nemo, quod ſciam, diligenter definiuit, quæ utriuſq; ſit differentia, neque ea non definita facile eſt pronunciare de ſono quidnam ſit. Neceſſe eſt autem, niſi quis uoluerit in eundem errorem incurrere cum Laſo & quibuſdam poſteris, qui latitudinem illi tribuerunt, ut paulò exactius de eo dicatur, quippe illo definito, multa deinceps erunt clariora. Sed oportet ad horum intelligentiam præter ea quæ dicta ſunt, etiam de remiſſione & intentione, adhæc de grauitate & acumine tenſioneq; percurrere, quid ipſis interſit. Nemo enim quidquam de iis protulit, quin pleraq; penitus ne intellexere quidem, alia confuderunt : poſtea de grauis & acuti diſtenſione dicendum ſiue ea ad augmētum & diminuitionem referatur, ſiue huc tantum, illuc uero minus. Porro his enarratis de interuallo in uniuerſum dicere fas erit, mox diſtinguere, quotupliciter id diuidi queat, hinc de complexione, ubi rurſus in uniuerſum agere oportet quàmuarie diuiſionem recipiat. Deinde de melo, ſiue cantu ſignificādum figurandumq;, quam naturam obtineat, quatenus Muſicæ expedit, quandoquidem plures ſunt meli naturæ, una uero eſt quædam inter omnes, quæ ad congruam aptamq; modulationem attincat, ſed inductionem ab ipſo nacti etiam, ut melius quemadmodum ab aliis ſeparetur uideamus, neceſſe quaſi eſt etiam alias eius naturas attingere. Cum uero muſicum melos, utcūq; & quatenus licebat, nondum exploratis ſingulis definiuerimus, nempe ueluti per figuram & circūſcriptionem, ilico diuidendum erit & in quot poterit ſecari partes diſtribuendum : protenus uero agendum de continuitate deq; ſerie quidnam ſit in complexionibus & quomodo fiat ; dein reddendæ ſunt generum in ſonis mobilibus differentiæ, danda quoque ſunt loca in quibus mouentur. Atqui nemo de his notitiam habuit planè ullam, quare de ſingulis iam dictis neceſſe eſt, ut à principio diſſeramus, neque ab aliis quidquam ſuppetit nobis mentione dignum : ac poſtea de interuallis ſimplicibus primum habendus ſermo, deinceps de compoſitis. Oportet autem

de

de compositis interuallis dicturum, quæ etiam simul complexiones esse possunt, de ipsa quoque compositione interuallorum simplicium aliquid in medium afferre, de qua complures Harmonici ne agendum quidem esse censuerunt. id uero ostensum à nobis in prioribus fuit. Eraftocles sanè id tantum dixit, quod à Diateffaron in utraque partem bifariam diuidatur, nihil amplius neq; an ab omni id accidat definiens, neque ob quam causam, neq; de aliis interuallis solicitus, quemadmodum erga se componātur: & utrum cuiuslibet interualli ad quodlibet determinata sit componendi ratio, utq; ex ipsis, & ut non fiant complexiones: de his enim à nemine neque per demonstrationem neq; indemonstratus habetur sermo. Verum enimuero cum admiranda sit series in concentus constitutione, plurima confusio in quibusdam deprehenditur ob imperitos artifices: atqui nihil eorum, quæ sensu usurpamus tanto ac tali ordine constat, ut nobis manifestum erit, ubi in ipsa re proposita uersabimur. Nunc uero reliquas partes explicemus. Demonstratis enim simplicibus interuallis quemadmodum inter se componantur, de conflatis iam ex illis dicendum erit complexionibus. cum de aliis tum de perfecta, ac demonstrandum quot & quænam sint: redditis earum quoque magnitudinis & compositionis inter ipsas differentiis, ut nihil de cantus magnitudine, figura, compositione & situ desideretur: quam artis partem alius quidem attigit nemo, Eraftocles uero tentauit solummodo absque demonstratione è numeris aliquatenus, ita tamen ut nihil effecerit, atque omnia falsò & contra sensus approbationem protulerit, ut antea uisum est, quando ipsum per se negotium inquirebamus: reliquorum, uti diximus, attigit nemo. Cæterùm unius complexionis in uno genere Eraftocles aggressus est enumerare figuras interualli Diapason per demōstrationem, circuitu usus interuallorum, neque intellexit, quod nisi prius demonstrentur figuræ Diapente & Diateffaron, adhæc eorum cōpositio, quæ tandem sit, qua concinnè componantur, multoties septem effici clarum sit: ut & in prioribus expositum à nobis fuit. quare ommiffis iis, reliquæ instituti negotij partes proponantur. Enumeratis enim complexionibus in unoquoque genere & in unaquaque dicta differentia, permissis denuo generibus idem redit ipsis negotium, quippe qui miftionem, quid sibi uelit ignorent. Proximum his est de sonis agere, quandoquidem interualla non

sufficit ad sonorum dinotionem . Quia uerò complexiones omnes
in loco quodam uocis positæ canuntur , ac ipsis quidem per se nihil
uariatis , factum tamen inibit cantum mirificam uariationem nan-
cisci adeoq́; maximam euenit , necesse utique fuerit aggressurum
hanc artem , de uocis loco in uniuersum & partiliter agere , quatenus licet : nimirum eatenus , quantum ipsa complexionum natura
indicat . De complexionum autem & locorum familiaritate deq́;
Tonis dicendum non ad densationem respiciëtes , quemadmodum
Harmonici : sed ad cócentum ipsarum inter se complexionum, quæ
suis Tonis impositæ inuicem congruunt . Atque hac de parte bre-
uiter Harmonicos quosdam agere contigit forte fortuna sanè. quip
pe qui non de hac re sermonem instituerint , sed densare duntaxat
cantus descriptionem uoluerint. Omnino uero nullus, ut in prioribus ostensum à nobis fuit, hanc partem , quæ de mutatione agit &
ad meli contemplationem tendit uniuersam prosequutus est . Ergo
scientiæ , quam Harmonicarum dicunt , partes hæ totidemq́; sunt :
quæ uero supra eam existunt , ut ab initio diximus , perfectio-
nis cuiusdam professionis esse puta : quocirca de illis cum oportu-
num erit, dicemus, quænam sint, & quot qualesq́; earum singulæ .
Nunc de prima differere tantundem est . Primum igitur ipsius secundum locum motionis discrimina contemplemur quænam sint.
Cum uerò uox omnis moueri dictum ad modum possit , ac duæ sint
motus species , uidelicet continua & ex interuallis : iuxta cótinuam
sanè motionem uox percurrere uidetur sensui locum quendam , ut
quæ nusquam subsistat , neque terminorum discrimen sensui offerat,
sed continuè feratur ad silentium usque : iuxta eam uero,quæ interuallis constat, contra moueri uidetur : nam ubi transcenderit, cessat
in una tensione , deinde rursus in altera, idq́; continuè facit , continuè (inquam) quod ad tempus attinet , exiliés ultra comprehensa à
tensionibus loca stansq́; in ipsis tensionibus , easq́; per se sigillatim
proloquens cantum edere dicitur ac interuallata motione ferri .
Vterque uero motus sensu capiendus est . Vtrum enim fieri possit
nec ne, ut uox moueatur : aut rursus in una tensione considat, alterius est consyderationis neque ad præsens institutum attinet necessario. quod autem alterutro motu feratur, nunc hoc nunc illo, constat, uti dixi, sensu, qui hinc discernit concinnam & modulatam uocis motionem ab aliis motibus. Simpliciter enim quando sic mouetur

tur uox, ut nulquam uideatur auditui cófiftere, continuam dicimus
hanc motionem : quando autem reftitare alicubi uidetur, deinde
iterum tranfgredi per locum quendam, idq; ubi fecerit rurfus in altera tenfione confiftere, idq; identidem ac uiciffim continuè facere
perfeuerat, interuallatam huiufmodi motionem appellamus.

Continuam ergo fermonis propriam effe dicimus : quia, loquentibus nobis, ita uox fecundum locum mouetur, ut nufquam reftira-
re uideatur : alteram quæ ab interuallis nomen habet. contrarie fieri
natura euenit, quippe quæ ftare uideatur : atque omnes eum, qui
tale quid coaptare uidetur, non iam loqui, fed canere dicunt.
Quapropter dum loquimur, cauemus ne uox fiftatur, nifi aliqua affectione ad huiufmodi motum deuenire cogamur : inter canendum
uerò contra facimus, etenim continuitatem fugimus, ac uocis fta-
tionem maximè perfequimur. quo enim magis unaquæq; uox una
ftataq; exiftit, eò fenfui uidetur canrus accuratior. Quod igitur duo
cum fint motus uocis fecundum locum, continuus quidem fermoni
addictus quodammodo fit, interuallatus uero cantui, ferè manifeftum ex dictis efto. Sed quia liquet oportere uocem in cantu inten-
fiones ac remiffiones minimè apparentes edere, tenfiones uero eam
proferentium fonorum manifeftas cóftituere, ut interualli quidem
locum, quem percurrit, nunc remiffa, nunc intenfa latenter exigat,
fonos uero qui interualla diftinguunt, euidentes & ftatarios red-
dat; quia, inquam, id ita effe conftat, dicendum profectò erit de
intenfione & remiffione uidelicet acuminis & grauitatis, præterea
tenfionis quoque. Intenfio igitur eft motus uocis continuæ ex gra
uiori loco in acutiorem : remiffio uero ex acutiore loco in grauiorem. Acumen eft id, quod conficitur per intenfionem ; grauitas
quæ per remiffionem. Fortaffe ergo abfurdum uideatur leuius hæc
infpecturis, quod ea quatuor ponantur, non duo. Ferè enim pleriq;
intenfionem eandem effe cum acumine exiftimant, ut remiffionem
cum grauitate. Idcirco forfan hic expediet docere eos confusè de
his opinari. Tentandum uero eft id intelligere in rem ipfam intuen-
tibus quidnam fit, quod agimus, quando chordas ut congruæ fint
intendimus aut remittimus fingulas. Conftat autem non omnino
rudibus inftrumentorum, quod cum intendimus, chordam fanè in
acumen adducimus, ac transferimus, quod tamen chordæ acumen
nondum exiftit, fed futurum eft ob intenfionem : tunc enim erit

         B 2   acumen

acumen quando per intenſionem redacta in conuenientem tenſionem chorda conſtiterit, ut non amplius moueatur. Id fiet ceſſante
iam intenſione ac deſiſtente penitus : neque enim licet ſimul moueri
chordam & ſtare: erat autem intenſio, mota chorda : acumen uero
eſt iam quieta & ſtante. Eadem dicemus de remiſſione & grauitate,
præterquam quod contraria ſunt loca. Manifeſtum uero eſt per ea
quæ diximus, quod & remiſſio à grauitate differt, ueluti agens ab
effectu, & intenſio ab acumine eodem pacto. Quod ergo eadem
non ſit intéſio cum acumine, & cum remiſſione grauitas, ferè liquet
è dictis. Quod uero & tertium id, quod tenſionem uocamus diuerſum ſit ab unoquoq; dictorum, tentandum eſt dicere. Quod igitur
intelligere uolumus per nomen tenſionis, id ferè eſt ueluti ſtatio
quædam & manſio uocis : neque nos conturbent eorum, qui ſonos
ad motiones reducunt ſententiæ, atque qui in uniuerſum uocem
motionem eſſe aſſeuerant: ac ſi eò redigamur, ut dicamus accidere
aliquando motui non moueri, ſed quieſcere, & ſtare. Nihil enim no
ſtra intereſt dicere æqualitatem motionis, aut identitatem eſſe tenſionis uocabulo intelligendam: aut ſi aliud quoddam reperiatur iſtis
cognobilius nomen : nihilo ſecius enim nos tunc dicemus ſtare uocem, quando nobis ipſe ſenſus oſtenderit neq; in acutum neque in
graue eam inclinare, neque alius agimus, quàm quod huiuſmodi
affectioni uocis id uocabulum ponimus, uidetur autem id facere
uox inter canendum : etenim mouetur in interuallo, ceſſat in ſono,
ſi tamen mouetur, nó moror modo, quæ à nobis dicitur motio, ab
illorum motione iuxta celeritatem accepta differat: quieſcit uero
rurſus ea quam nos appellamus quiete, cú ceſſat celeritas, unumq;
& eundem ductum accipit : nihil ergo noſtra refert, cum ferè liquidum ſit, quid nos in uoce appellemus motum & quietem quidque
illi motum. Quare ſatis eſto de his hoc in loco, nam alibi amplius
apertiusq; definita ſunt. Ac tenſio quemadmodum neque intenſio
neque remiſſio ſit, planè conſtat, quippe illam dicimus quietem eſſe
uocis, has uero in prioribus oſtendimus eſſe motiones quaſdam.
Quod autem à reliquis etiam grauitate (inquam) & acumine alia ſit
tenſio, tentandum eſt demonſtrare. Ergo quod quieſcere contingit
uoci, ſiue in grauitaté, ſiue in acumé adductæ, patet è ſuperioribus :
Quod uero etiam ſi tenſio quies quædam eſſe ponatur, nihilo magis cum utroque eorum eadem erit, è iam dicendis clarebit. Enimuero

uero ſcire oportet quod ſtare uocem eſt manere eam in una tenſione : accidet uero illi hoc, ſiue in grauitate, ſiue in acumine conſtiterit, tenſio autem in utriſque exiſtet : etenim in grauibus atque in
acutis ſtare uocem neceſſe eſt, acumen uero nunquam cum grauitate coexiſtit, neque cum acumine grauitas : quare patet diuerſum
quid ab utroque horum eſſe tenſionem, ut nihil commune ſit ambobus. Quod igitur quinque hæc ſint à ſe mutuo diuerſa, tenſio inquam & grauitas, præterea remiſſio & intenſio, tantum non ex dictis clarum eſt. His uerò cognitis, proximum fuerit enarrare de gra
uis acutiq́; diſtenſione, utrum infinita ſit in utranque partem an terminata. Quod ergo in uocem collocata non ſit infinita, neutiquam
difficile eſt uidere, cum omnis uox tū artificioſa, quàm humana, definitum quendam habeat tonum, quem modulando percurrat, maximum uidelicet minimumq́; . neque enim in magnitudinem poteſt
uox in infinitum augere grauis acutiq́; diſtenſionem, neque in paruitatem contrahere, ſed conſiſtit aliquando ultrò citroq́ue. Defi-
niamus igitur utrunque horum ad duo reſpicientes, nempe ad id
quod ſonum edit, & quod iudicat, quæ uidelicet ſunt uox & auditus : quod enim nequeunt he͂ illa quidem efficere, hic uero iudicare
id omne ab utili & commoda uocis diſtenſione alienum abhorre͂sq́;
eſto. Ergo in paruitatem ſimul uidentur tam uox, quàm ſenſus deficere, neq́; enim uox Dieſi minima minus adhuc interuallum poteſt
expromere, neque auditus perſentire, adeo ut partem agnoſcas aliquam uel Dieſis, uel alterius cuiuſpiam cognitorum interuallorum.
In magnitudinem uero forſan uideatur excedere auditus uocem, ne
que tame͂ multo : ſed ſanè ſiue ultro citroq́; idem capere extremum
diſtenſionis oportet, ad uocem pariter & auditum reſpiciendo, ſiue
in minimam partem idem, in maximam aliud, erit quædam maxima
minimaq́; magnitudo diſtéſionis uel communis ſonanti & iudicáti,
uel alterius propria. Quod igitur in uocem auditumq́; adducta grauis & acuti diſtenſio minimè in infinitum ultro citroq́; mouebitur,
ferè manifeſtum eſt. An uero ſi ipſa per ſe intelligatur cantus conſtitutio incrementum in infinitum habere queat, forte alius erit de
iis ſermo ad præſens neutiquam neceſſarius : quo circa in ſequentibus id perſcrutari conabimur. Hoc autem declarato, dicendum de
Sono quid ſit : ac ut compendio dicatur uocis caſus in unam ſenſio-
nem eſt ſonus. Etenim uidetur ſonus exiſtere cadente uoce in ſta-
tum

tum cantui congruum, dum ibi in una tenſione ceſſat. Ac ſonus ita
ſe habet. Interuallum uero eſt, quod à duobus ſonis definitur, non
eandem habentibus tenſionem. Videtur enim interuallum, ut figu-
ratim dicatur, eſſe differentia quædam téſionum, & locus aptus re-
cipiendis ſonis acutioribus quidem grauiore earum quæ interuallum ſuſtinent tenſionum, grauioribus uero acutiore: differentia uero tenſionum eſt magis minuſve tenſum ſuiſſe. De interuallo igitur
ſic definiatur. Complexio uero compoſitum quoddam intelligatur
ex pluribus uno interuallis. Verùm enim uero oportet unumquodq;
horum recte accipere accurateq; animaduertere, ne redditam de ſin
gulis ratione prætereamus, ſiue ea exacta, ſit ſiue craſſior planiorq;:
ac ubi in eam addiſcendum incubuimus, tuc paratos nos ad reliqua
intelligenda docilesq; fore putemus. Difficile enim & arduum eſt
forſan de omnibus, quæ à principio ſeſe offerunt rationem, quæ ir-
refutabili exactaq; interpretatione coſtet, adferre, præſertim de tribus his, ſono (inquã) interuallo & complexione. His tamen ita de-
ſcriptis primum quidem enarremus in quot ~~partitiones interuallũ~~
diuidi natura queat utiles, præterea & complexio. Ergo prima eſt
interuallorum diuiſio, qua inter ſe magnitudine diſtant: ſecunda,
qua cóſona à diſſonis: tertia, qua compoſita à ſimplicibus: quarta,
quæ ſecundum genus accipitur: quinta, qua differunt rationalia ab
irrationalibus. Cæteras diuiſiones tanquam inutiles ad inſtitutum
negotium nunc omittamus. Complexio uerò complexioni eodem
modo intereſt, eaſdemque differentias obtinent præter unam.
Nam magnitudine clarum eſt, ut inter ſe differant, & quatenus con
ſoni uel diſſoni ſunt, qui magnitudinem terminant ſoni, porrò tertiã
dictarum in interuallis differentiarum impoſſibile eſt complexionibus inter ipſas in eſſe: nam ſatis conſtat non accidere, ut aliæ compoſitæ ſint, aliæ ſimplices cóplexiones, quemadmodum interualla,
alia compoſita, alia non. Quartam uerò differentiam, quæ erat à gé
nere accepta neceſſe eſt etiam complexionibus ineſſe: quippe quædam earum ſunt diatonæ, quædam chromaticæ, quædam enarmo-
niæ: neque dubium eſt de quinta: nam earum alia irrationali interuallo terminantur, alia rationis non experte. Præter has uero oportet & alias tres diuiſiones adiungere, uidelicet unam quæ in coniũ-
ctionem & diſiunctionem & in utrunque ſimul complexiones diuidit ab aliqua magnitudine accepto initio ut aut diſiuncta, aut coniuncta

iuncta, aut mifta ex ambobus fiat, atque ita fieri in nonnullis oftenditur : alteram quæ in tranfiliens & continuū partitur : omnis enim
complexio uel continua eft, uel trāfultat : tertiam quæ in fimplex &
duplex & multiplex diffectionem conficit. Quamcunqʒ enim acci-
pias complexionem, uel fimplicem, uel multiplicem inuenies.
 Quidnam uero fit horum unumquodque poftea declarabimus.
His igitur fic definitis & prædiuifis de melo nobis tentandum eft
fubiicere quænam fit natura eius. Quod ergo oporteat interuallatā
in ipfo uocis motionem effe, prius dictum eft fane, utqʒ; à fermonis
melo feparetur hac ratione muficum melos. Vocatur enim & in fer-
mone melos quoddam compofitum ex accentibus, atque id in uocabulis uerfatur : natura enim comparatum eft, ut inter loquendum
uocem intendamus remittamusqʒ. Adhæc non tantum ex interual
lis & fonis conftare oportet congruum modulationi melos: uerum
etiam opus habet comparatione quadam dearticulata, minimeqʒ te
meraria. Manifeftum eft enim ut ex interuallis & fonis conftare cō-
mune fit, fiquidem ineft & abfono feu incondito, quare cum id ita fe
habent opinari oportet potiffimam partem quærqʒ; plurimum habét
momenti ad recte conftitutam cantus rationem effe fitam in compo
fitione quædam eiusqʒ proprietate. Iamqʒ; fere liquet à melo de in-
duftria confecto interuallo uocis motu differre muficum melos, ab
incondito autem & erroneo pro compofitionis differentia interuallorum fimplicium, de qua in fequentibus oftendetur. Quis illius fit
modus : nihilominus & in præfentia uniuerfim dicatur, quod cum
multas habeat differentias confonantia ipfa pro interuallorum com
pofitione, tamen eft quiddam in omni cantu congruo unum idemqʒ;
tali facultate præditum, ut dicetur, qua ablata neceffe fit etiam confonantiam è medio tolli : planum id fiet progreffu operis. Muficum
igitur melos ab aliis ita diftinguatur : atque opinandum eft dictum
difcrimen craffiore minerua fic expofitum effe, quippe cum necdum
fingula explicata fint. Proximum iam dictis fit id quod uniuerfim
ita appellatur melos diuidere in quot apparet genera diuidi poffe :
uidetur autem in tria. Siquidem omne melos quodcunque accepe-
ris ad modulationem uel diatonum eft uel chromaticum uel enarmonium. Primum ergo & antiquiffimum inter ipfa ponatur diatonum : quippe quod primum humana natura præfcripfit, chromaticum : tertium & fupremum enarmonium. nam poftremo ei & uix
                                                          nec

nec ſine multo ſtudio aſſueſcit ſenſus. His iam in hunc numerum di̅ uiſis, reſtat ut ex interuallaribus differentiis ſecundæ alteram parte̅ tentemus diſpicere: cuius erant partes hæ, conſona uidelicet & diſ fona: ac ipſa conſonantia in contemplationem ueniat. Videtur au tem interuallum conſonum unum ab altero non ſimplici differentia diſtare, ſed multis profectò: quarum una eſt, quę à magnitudine ac cipitur, de qua definiendum eſt, quatenus ſe habere uideatur. Appa ret autem minimum interuallorum conſonorum ab ipſa cantus na tura determinatum eſſe. modulamur enim minora quàm diateſſaro̅ interualla complura quidem tamen omnia diſſona: quam minima̅ ſic in ipſa uocis natura definitum eſt; magnitudo uero non itidem uidetur definiri: quippe quæ in infinitum augeſcere uidetur iuxta ipſam cantus naturam, quemadmodum & diſſonum. ſiquidem om ni conſono interuallo ad diapaſon appoſito, ſiue maiore, ſiue mino re ſiue æquali, totum conflatur conſonum, Quocirca non uidetur hac ratione maximum interuallorum conſonorum perhiberi poſſe, nihilominus pro uſu noſtro (dico uero noſtru̅ uſum tam illum, qui ab humana fit uoce, quàm qui ab inſtrumentis) uidetur quoddam maximum eſſe interuallorum conſonorum: id autem erit diapente & bisdiapaſon: etenim ad terdiapaſon non progreditur intenſio. Sed oportet diſteuſionem definire unius cuiuſpiam inſtrumenti to no ac terminis: forſan enim tibiarum, quæ Partheniæ dicuntur acu tiſſimus ſonus ad grauiſſimum earum quas Hypertelias uocat forte maius effecerit quam dictum terdiapaſon interuallum: ac diuulſæ fiſtulæ acutiſſimus ad tibiæ grauiſſimum maiori diſtabit interuallo, quàm ſit id quod diximus. Idem eueniet ſi puelli uocem cum uiri uoce contuleris. Vnde etiam deprehendere licet maiores conſonan tias, quippe & diuerſis ætatibus & differentibus modis cõtemplati ſumus, etiam terdiapaſon cõſonum eſſe & quater & amplius. Ergo quod modulationis terminus in paruitatem natura in diateſſaron fi niatur, in magnitudinem uero quod ad uſum noſtrum attinet, quo dammodo in bis diapaſon à diapente, ferè manifeſtu̅ ex dictis eſto: nec non quod ex conſonis magnitudine interuallis fieri contingat facile eſt intelligere. Quapropter his cognitis tonioeum interuallu̅ tentabimus definire. Eſt ergo tonus primarum conſonantiarum quo ad magnitudinem differentia. Diuidatur autem in tres parti- tiones, modulemur enim eius ſemiſſem & trientem & quadratem:

minora

minora uero iis interualla omnia incondita à cantuq; abhorrentia
funto. Vocetur autem minima pars Dieſis, enarmonios minima, atque huic proxima dieſis Chromatica minima, porro maxima Semitonium. His iam ita definitis, generum quoque differentias, unde
fiant & quemadmodum, tentabimus perquirere. Licet ergo ſcire mi
nimum interuallum conſonorum, utplurimum à quatuor ſenis con
tineri : unde iam & cognomentum antiquitas habuit. atque ordo
eius quidam ob uarietatem intelligatur, ubi æqualia fuerint ea, quæ
mouentur iis, quæ quieſcunt in generum differē tiis, ſitq; in huiuſmo
di, ut quod à chorda media in ſupremam : hic enim duo continentes interuallum ſoni immobiles ſunt in generum differentiis , duo
uero qui continentur reliqui mouentur. Hoc igitur ita ponatur ſed
cum plures ſint chordarum conſpirationes, quæ dictum ordinem
ipſius Diateſſaron côtineant, & quæq; propriis uocabulis diſtincta
ſit, una profecto quædā erit Mediæ & Indicis & Pene ſupremæ ac
Supremæ propemodum celeberrima, & à Muſicis impenſe trita, in
qua differentias generum conſyderare operæprecium eſt, quemadmodum fiant. Quod igitur ſonorū, qui natura moueri poſſunt, in-
tenſiones & remiſſiones cauſæ ſint differentiæ generum, planè liquet, quæ uero ſit motionis ratio ſonorum iſtorum utriuſque, dicatur. Indicis ergo eſt toniæus locus omnis, in quo mouetur : neque
enim minus diſtat à media toniro interuallo, neque amplius ditono : quorum interuallorum minus quidem ab iis qui Diatonum genus iam intellexerint nó admitteretur : ſed qui id nondum uiderint,
haud difficulter adducuntur : ut id approbent : maius uero alij con-
cedunt, alij non : ob quam uero cauſam id accidat poſtea dicetur.
Quod autem ſit modulatio ditoni indicis expers neque ea deterri-
ma, immo pene optima pleriſque ſane nunc rem muſicam attingen-
tibus, non admodum liquet : niſi inductione allectis , uerum iis qui
antiquis modis aſſueti ſunt, ſiue primi, ſiue ſecundi ſint, ſatis euidens
eſt id quod dicitur. Nam qui Tritæ nūc paſſim modulationi tantum
aſſuefactus habeat auriculas, non abs re eſt, quod Indicem ditonū
recuſant : quippe robuſtioribus & intentioribus nunc pleriq; utuntur : cuius rei cauſa eſt, quod ubique dulcem blandamq; cantilenam
affectant, atque indicio eſt, quod lubenter plurimum temporis in
Chromate conterunt, ac ſimul ubi prope ad Chroma cantum addu
xerint, eo deflexi conſuetudinem una contrahunt. De his ergo ha-
C &enus

&tenus in præfentia dixiffe fufficiat . Indicis ergo locus toniæus fubiicitur,at pene fupremæ diefios minimæ,neque enim propius fupre
mam accedit diefi,neque amplius abfiftit toni dimidio,neque enim
tonorum indifcretus eft ab altero in alterum tranfitus, fed eft eorū
terminus coniunctio : cum enim in eandem tenfionem deuenerit Pe
ne fuprema & Index intenfa , terminum habent loca , eftq; is qui ad
graue tendit Pene fupremę,qui in acutum Indicis & Pene fupremæ.
De his igitur ita definitum fit, porrò de differentiis fecundum genera & colores dicendum eft. Diateffaron ergo, quéadmodum inqui-
rendum fit , an menfuretur ab aliquo minorum interuallorum , an
omnibus fit incommenfurabile , in iis , quæ per confonantiam capiuntur, edocetur : nunc tanquam inde apparent atque conftet,
duorum tonorum & femiffis ponatur , eamq; eius magnitudinem .
Denfum uero dicatur, quod è duobus interuallis conflatur, quæ cō-
pofita minus interuallum continebat reliquo interuallo in diateffaron : quibus ita præftructis ad grauiorem permanentium fonorum
accipiatur minimum denfum , id autem erit, ꝗuod è duobus diefibus enarmoniis & chromaticis minimis, erunt uero duæ indices acceptæ duorum generum grauiffimæ, puta Harmoniæ & Chromatis.
In uniuerfum enim grauiffimæ erunt enarmoniæ Indices ,|proxi-
mæq; iis chromaticæ, intenfiffimæ autem diatonæ,poft illas tertium
fit denfum ad eandem , quartum denfum toniæum , in quintum ad
eandem ea quæ eft ex femitono & fefquialtero interuallo conftitu-
ta complexio affumatur , poftremum quod ex femitono & tono.
Duo igitur primum accepta denfa terminantes indices dictæ funt :
quę uero tertium denfum circūfcribit , Index chromatica quidē eft :
uocatur autem chroma in quo eft fefquialterum: quæ autem definit
quartum dēfum, Index eft quidem illa chromatica,uocaturq; chroma, in quo fit toniæum : quæ quintam terminat iam complexionem
index maior fane denfo , quandoquidem duo uni æqualia funt. grauiffima diatonos eft , quæ fexto loco fumptam complexionem de-
terminat Index intenfiffima diatonos exiftit. Ergo grauiffima Chro
matica index enarmonia grauiffima acutior eft pro fexta toni parte,
quoniam Chromatica diefis enarmonia diefi maior eft pro toni uncia. Oportet autem, quia tonus in chromate quidem trifariam diuiditur, ac triens eius uocatur Chromatica diefis , Harmonia uero in
quatuor fecatur , ac eius quadrans uocatur Harmonica diefis : ut
triens

triens unius & eiufdem quadrantem eius uncia fuperet: ut proponantur, uerbi gratia x 1 1, fi ea diuidantur in tria fient quatuor trie-
tes, fi uero in quatuor, erunt tres quadrantes, excedit igitur qua-
ternarius ternarium, fiue triens quadrantem unitate, quæ totius eſt
pars duodecima. quare chromatica enarmoniam uncia fuperat.
Duæ uero chromaticæ duas enarmonias excedent duplo, nimirum
fextante; quod interuallum minus eſt minimo eorum quæ modulamur. Talia uero à cantu abhorrent: nam à cantu abhorrês dicimus
quicquid non ordinatur per fe in complexione. Grauiſſima uero
diatonus acutior eſt grauiſſima chromatica femitonio & toni uncia:
nam in fefquialteri chromatis Indicem femitonium erat ab ipfa, à
fefquialtera uero in enarmoniam diefis: ab enarmonia in grauiſſimā
chromaticam fextans; à grauiſſima uero chromatica in fefquialterā
uncia toni. Porrò quadrans è tribus unciis côſtat, ut manifeſtum fit
dictum interuallum eſſe à grauiſſima diatono in grauiſſimam chromaticam. Intentiſſima uero diatonos quàm grauiſſima diatonos
diefi eſt intenfior. Ex his iam manifeſta funt loca Indicium uniufcu-
iufque: nam grauiſſima Chromaticæ omnis eſt enarmonia Index
& diatoni grauior omnis eſt diatonos ufq; ad grauiſſimam diatoni.
Intelligatur enim infinitæ numero Indices: ubi enim uocem fiſtas à
demonſtrato loco Indicis Index erit: neque enim ullus locus ab Indicis natura plane uacuus eſt, ac talis,ut capere indicem non poſſit:
adeo ut hic non de exigua re lis uertatur. Alij enim de interuallo
tantum ambigunt, ut utrum diatona fit Index, an intenfior, ac fi una
fit Enarmonia: nos uero non folum plures una in quoque genere di
cimus eſſe Indices, uerumetiam adiungimus, quod infinitæ funt nu
mero. Ergo de Indice hactenus: chordæ uero Penefupremæ duo
funt loca, unus communis diatoni & chromatis, alter proprius harmoniæ: communicant enim duo genera Penefupremarum. Enarmonia igitur eſt Penefuprema omnis grauior quàm grauiſſima chro
matica uero & diatona reliquæ omnes ufque ad terminatam. In-
teruallorū uero id quod eſt Supremæ & Penefupremæ canitur æquale & inæquale ipfi Penefupremæ & Indici, at Penefupremæ & Indicis & Mediæ tam æquale quàm inæquale ambobus. In caufa eſt,
quod communes funt Penefupremæ utrique generi. fit enim canorum tetrachordum ex Penefuprema & chromatica Penefuprema &
diatona Indicæ intenfiſſima. Porrò locus Penefupremæ manifeſtus

C 2 eſt

eſt ex prioribus diuiſus & explicatus quantus quantus exiſtit. De
continuitate uero & ſerie non facile eſt in principio accuratam ſermonem habere : ſed craſſius planiusq́; tentandum eſt deſcribere.
Videtur autem huiuſcemodi quædam eſſe natura continui in modulatione, cuiuſmodi & in dictione, quod ad literarum cópoſitionem
attinet. Etenim natura comparatum eſt, ut interloquendum uox in
unaquaque ſyllaba primum quoddam & ſecundum elementorum
ponat, ac tertium & quartum, ac deinceps ſecundū reliquos numeros literarum ſeriem inſtituat : ita ut non omnes confuſæ ſint cum
omnibus : ſed ſit naturale huiuſcemodi incremētum compoſitionis.
Similiter in modulando uidetur uox deſtinare iuxta continuitatem
interualla & ſonos, naturalem quandam compoſitionem obſeruās,
non quoduis cum quouis interuallum concinens, neq; æquale, neque inæquale. Quærendum uero eſt continuum, non ut Harmonici
in deſcriptionum denſationibus reddere conantur, qui eos ſonos
pronunciant continuos ac deinceps ſe ſequi, quos contingit minimo interuallo à ſe diſtare mutuo : non enim poteſt octo & uiginti
dieſis continuata ſerie uox modulari, ſed ubi omnia fecerit, ne tertiam quidem dieſin adiungere poteſt : enim uero qua in acutum tendit, minimum modulatur quod reliquum eſt à Diateſſaron, minora
uero omnia canere non poteſt : id uero eſt uel octuplum minimæ
diæſis, uel paulo quodam omnino & incondito minus, qua in graue, minus duabus dieſibus toniæis non poteſt expromere. Neq; at-
tendere oportet in continui natura exploranda, quando ex æqualibus, quando ex inæqualibus fiat. quin potius ad modulationis naturam tentandum eſt, ut reſpiciamus, ſedulosq́; incumbendum, ut
intelligamus quod interuallum, cui naturæ ſpōte ſuccedat in melo.
ſiquidem enim poſt Peneſupremā & Indicem propior in cantu ſonus non exiſtit, eo qui à media proficiſcitur, hæc ſanè poſt Lichanum erit ſiue duplum, ſiue multiplex Peneſupremæ & Indici interuallum occupet. Quo igitur pacto continuum ipſum ſeriemq́;
inquirere licet, ferè oſtenſum eſt. quemadmodum uero fiat & quod
interuallum cui ſuccedat uel non ſuccedat in elementis commo-
ſtrabitur. Subiiciatur ſanè denſa uel non denſa poſita complexio :
quæ in acutum uerſus tranſponatur per interuallum minus, eo quod
prima conſonantia relinquitur : in graue autem non minus toniæo.
Supponatur uero & deinceps conſtitutorum ſonorum in cantus

uno-

elementorum Lib. I I. 21

unoquoque genere aut quatuor cum quatuor Diateſſaron conſonare, aut quintos cum quinque Diapente, aut utroq; modo: cui uero ſonorum nihil horum euenerit, hunc à cantu alienum eſſe uidelicet cui diſſonat. Ponatur autem & cum in diapente quatuor ſint
interualla, duo quidem æqualia, quæ ut plurimum denſum continent, duoq; inæqualia nempe quod relinquitur à prima conſonantia, & exceſſus, qui diapente quàm Diateſſaron maior eſt, contrario ſe modo habere æqualia, erga inæqualia, tam in acutum
eundo, quàm in graue. Amplius ſupponatur & conſonos non interrupta ſerie deinceps ſonos, per eandem conſonantiam ſibi deinceps ſuccedere. Porrò ſimplex ponatur in unoquoque genere
eſſe interuallum iuxta melos, quod uox modulando nequit par-
tiri in alia interualla. Subiiciatur autem & conſonantiarum ſingulas minimè diuidi in ſimplices magnitudines: atque inductio
ſit, quæ per ſonos ſit deinceps prolatos extra principia, quorum utrinque unum ponitur interuallum ſimplex: recta uero quæ
in idem.

Finis primi libri.

HARMONICORVM
ELEMENTORVM ARISTOXENI,
LIBER SECVNDVS.

RAISTITIRIT forſan prius enarrare inſtitutino-
ſtri modum, quidnam nobis uelimus, ut præcogno
ſcentes ueluti ſemitam quandam, qua ingrediun-
dum ſit iter facilius conficiamus, ubi id etiam ſci-
uerimus quænam eius in parte uerſemur: neque
aliud agentes fallamur, quemadmodum Ariſtote-
es cómemorare ſolebat, affici pleroſque eorum, qui Platonem de
bono differentem auſcultatum uenerant: quippe unumquemq; ac-
cedere hoc animo tanquam de aliquo eorum, quæ homines uocant
bona

b vna auditurus, ut de diuitiis de sanitate, aut robore, in summa de mirifica quadam felicitate. Verum ubi sermones prodiere de disciplinis, ac numeris,& Geometria atque Astrologia, deniq; quod bonum illud non nisi unum sit, immane quàm absurda iis uideri oratio cæpit : hinc alij rem totam despicere protinus , alij reprehendere . Quid in causa fecisse putandum est ? nimirum quia rem prius non præcognorât : sed ueluti contentiosi homines ad uocabulum ipsum hiantes accurabant. Quod siquis, ut arbitror, antea exposuisset in uniuersum quo de agendum erat,agnouisset,id utique futurus auditor, siq; placuisset in semel concepta opinione perseuerasset . Quapropter & ipse Aristoteles prædicere ob easdem causas solitum se aiebat futuris ipsi auditoribus, de quibus & quodnam agatur negotium. Expedire igitur & nobis uidetur, uti diximus à principio, statim id præsciri : sit enim aliquando in utranque partem, ut erretur : nam quidam ingens aliquod disciplinæ opereprætium fore putant : siquidem nonnulli non solum se Musicos si Harmonica auscultent : uerumetiam meliores, quod ad uitam & mores attinet fore crediti, quod inter demonstrādum audiant forte ratiocinantes nos de Melopæis, siue cantilenis singulis deq; toto genere Musico , ut una mo ribus prosit, obsit altera ; quod uero quatenus Musica est simpliciter iuuat, surda aure prætereunt. Alij contra nihili rem, aut parui certè momenti quæ sit agi censent : neque rudes se tamen tantillæ, scilicet rei haberi uoluat. Neutri uero rectè putant : neque enim con temnēda est in præsenti profecto statu disciplina hæc, ueluti clarum erit in progressu : neque talis, ut ad omnia sufficiat,quemadmodum istis persuasum est : multa enim alia etiam ad Musici perfectionem desiderantur : quippe pars quædam est facultatis Musicæ res Harmonica ; non secus ac rythmica & metrica & organica. Dicendum ergo de ipsa eiusque partibus : ac in uniuersum intelligere licet existere nobis considerationem de melo , siue cantu omni, utcūq; tandem uox intensa remissaue interuallis uariat : quippe naturali quodam nos asserimus motu moueri uocem, neque interualla temere confici ; quarum rerum demonstrationes dicere aggrediamur apparentibus confessas : non, ut qui nos præcessere, qui uel aliud agêtes & sensum declinantes, tanquam minus exactum intelligibiles tantum causas astruxerunt, atq; (aiunt) rationes quasdam esse numerorum & celeritates erga se mutuo, in quibus acumen grauitasq; con

sistat:

fiftat : omnium abfurdiffima maximcq; his, quæ apparent contraria fententia, uel tanquam oracula fine ratione aut demôftratione proferunt omnia : ac ne ipfa quidem, quæ apparent, rectè enumerant . Nos uero tum principia concmur accipere ea tantum, quæ experiéntibus in re Mufica uiris uifa funt, tum ex iis euenientia demonftrare. Eft autem nobis, ut in fumma dicatur, contemplatio de Melo omni mufico, quod tam uoce quàm inftrumentis conficitur ; ac reducitur totum negotium ad duo, ad auditum, fcilicet & cogitationem. n; m illo iudicamus interuallorum magnitudines hac facultates eorum contemplamur . Oportet ergo affuefcere , ut fingula exactè iudicemus : neque enim fe habet res, ut de lineamentis dici folet, fit hæc linea recta, nec qui ita in interuallis dixerit probè defunctus officio fuerit : enimuero Geometria ne minimum quidem facultate fenfus utitur : neque enim affuefacit uifum,ut quid rectum, quid circulare, aut aliud quiduis huiufcemodi rectè uel fecus iudicet, fed id potius eft fabri aut torno utentis, aliufve id genus artificis . Muficus autem penè principij loco habet fenfus iudicium,neque enim accidet prauè fentientem rectè dicere de iis,quæ nullo modo fentit. Erit autem hoc manifeftum in ipfa tractatione. Porrò non eft ignorâdum quod Muficæ intelligentia fimul manentis ac moti cuiufpiam exiftit , idq; ferè per omnein artem ômnesq; eius partes, ut fic dicam,fimpliciter ita effe pergit. Illico enim generum differentias fentimus , manente quidem ea quæ continet magnitudine, motis uero mediis : ac rurfus ubi manente magnitudine hanc uocamus fupremam & mediâ , illam penè mediam & infimam : manente enim magnitudine accidit mutari facultates fonorum : ac rurfus quando eiufdem magnitudinis plures fiunt figuræ, ut ipfius Diatefaron, & Diapente,& aliorum. Similiter & quando eodem interuallo alicubi pofito fit mutatio, alibi ucronon . Iam in his quæ ad rythmos attinent complura eiufmodi uidemus accidere : etenim manente ratione , iuxta quam definita funt genera, pedum magnitudines mouentur obductionis uirtutem : ac manentibus magnitudinibus , diffimiles fiunt pedes : eademque magnitudo tum pedem poteft tum coniugationem. Manifeftum eft autem quod & diuifiones & figuræ circa manentem quandam magnitudinem fiant. Vt femel inuniuerfum dicatur rythmopæa multas omnigenasq; motiones mouetur : pedes uero quibus rythmos defignamus fimplices & femper eafdem. Tali cum prædita

dita ſit natura Muſicæ facultas, neceſſe eſt etiam in iis quæ ad Harmonicam partem attinēt aſſueſcere cogitationem & ſenſum, ut rite
iudicent tam manés quàm motū. Simpliciter ergo, ut dicitur, eiuſ-
modi quædam eſt, quæ Harmonica dicitur ſcientia, qualem expo-
ſuimus. Accidit uero eam diuidi in ſeptem partes, quarum una pri-
maǫ; eſt definire genera, & declarare quibus manentibus, quibuſve
motis hæ fiant differentiæ. Id nemo hactenus diſtinxit quoquo modo, neque enim de duobus generibus tractauere : ſed de harmonia
tantum. Verũtamen qui inſtrumentorum periti fuerunt ſenſere quidem genera ſingula, ſed quod, uerbi gratia, tunc incipiat ex harmonia chroma aliquod fieri nemo ne conſiderauit quidem, neque enim
omnem colorem cuiuſque generum perſenſerunt : eo quod non uni
uerſæ Melopææ, ſeu cantus officinæ eſſent periti : neque ad huiuſmodi differentias accuratè percipiendas aſſuefacti, imo ne id quidem percepere quod loca quædam ſint motorum ſonorum in ipſis
generum differentiis. Quas ergo propter cauſas non fuerint definita genera à prioribus ferè expoſui. Quod autem definienda, ea ſint
ſi ſequi uoluerimus confectas in generibus differentias manifeſtum
eſt. Primum igitur membrum eſt, quod iam dixi, ſecundum uero eſt
de Interuallis agere, nulla ipſis ad facultatem ſuppetente differentia
prætermiſſa : ferè autem, ut paucis dicam, pleræque nondum ſatis
perſpectæ ſunt. Cæterum ignorare non oportet, quod ubi omiſſarũ
& non perſpectarum differentiarum uſus uenerit, ilico ibi ſitas modulationum quoque differentias ignorabimus. Quia uero non ſuffi-
ciunt interualla ad ſonorum dignotionem : quælibet enim interualli
magnitudo, ut planè dicatur complurium facultatum cõmunis eſt.
Tertium profecto membrum totius operis ſit dicere de Sonis, quot
nam ſint, ex quo cognoſcantur, & utrum intentiones quædam ſint,
quemadmodum pleriǫue putant, an facultates. idǫ; ipſum quid ſibi
uelit facultatis uocabulum : nihil enim horum liquido uiſum ab earum rerum profeſſoribus fuit. Quartum erit Complexiones cõtem-
plari quotnã, qualesǫ; ſint, & quomodo ex interuallis & ſonis con-
ſtent, neutrum enim modorum conſiderarunt priores muſici : neǫ;
enim an omnem ad modum ex interuallis componantur complexiones, nullamǫ; compoſitionum præter naturam ſit, declarandum
ſumpſere, neque differentias omnes complexionum aliquis enu-
merauit. Enimuero de cantui aptis, uel ineptis ſimpliciter, ne uerbũ
quidem

quidem fecere. Complexionum uero differentias alij planè ne aggreſſi ſunt quidem recenſere, ſed de ipſis tantum ſeptichordis quas harmoniæ proprias dicabant diſſeruere: alij licet tentarint, nullo modo ſatisfecere: quéadmodum Pythagoras Zacynthius & Agenor Mitylenæus. Eſt autem huiuſcemodi quædam in canoro & cantui inidoneo ſeries, qualis eſt literarum quoque inter diſſerendum compoſitio: non enim temere ex iiſdem elementis compoſita ſyllaba emergit, ſed certo modo. Quintû eſt de Tonis, in quibus conſtitutæ complexiones canuntur, de quibus nemo quicquam protulit, neque quemadmodum accipiendi ſint, neque quo reſpectu numerus eorum reddi queat, quin omnino ſimiles eſſe uidentur dicrû ſubductio & harmonicorum de tonis traditio: ut quando Corinthij ſanè decimam ipſam, Athenæi quintam agant: ita enim Harmonicorum nonnulli inquiunt grauiſſimum quidem tonorum eſſe Hypodorium, at ſemitonio acutiorem his Miſtumlydium, atque hoc ſemitonio Dorium, Dorio uero Phrygium abeſſe in acutiora tono. Non aliter & Phrygio Lydium altero tono. Alij uero præter iam dicta Hypophrygium tibiam apponunt in graue, alij rurſus ad tibiarû perforationem reſpicictes tres quidem grauiſſimos tribus dieſibus à ſe mutuò ſeparàt, Hypophrygium (inquâ) & Hypodorium & Dorium; Phrygium uero à Dorio plus minus tono, Lydium uero à Phrygio rurſus tribus dieſibus diſtinguunt. Non abſimili partitione & Miſtumlydium à Lydio ſeparant. Quid uero ſit, quo perſuaſi ſint huiuſmodi tonis interualla ſtatuere nihil dixere. Porrò quod ſit abhorrens à cantu denſatio & penitus inutilis: manifeſtum in ipſa tractatione fiet. Quoniam uero cantuum alij ſimplices ſunt, alij immutabiles, de mutatione profectò dicendum erit. Primum quidem ipſa mutationis natura quænam ſit, & quomodo fiat: tanquam ualet affectio quædam accidat in cantilenarum ſerie; deinde quotnam ſint omnes mutationes, & in quot interuallis: nam de his nemo uerbum fecit, neq; per demonſtrationem, neq; ſine demonſtratione. Poſtremum uero de his quæ in ipſa melodia incidunt: quando enim in iiſdem ſonis, licet nihil inter ſe differant, quod ad ipſos attinet, uariæ & multiplices formæ cantuum fiunt, conſtat id ex uſu ſanè fieri, idq; Melopæam uocamus. Ergo Harmonica inſtructio per iam dictas partitiones incedens ita finem conſequetur. Quod uero modulationes intelligere, tum auditu, tum ratiocinãdo

D   oportet,

oportet, id omnia quæ in quauis fiunt differentia conſequitur, enim
uero in generatione cantus exiſtit quemadmodum & alia Muſicæ
membra: ex duobus enim his muſica intelligentia exoritur, puta
ſenſu & memoria. nam quod ſit ſentire oportet, meminiſſe uero
quod factum eſt. Alio modo non licet Muſicam rem aſſequi. Quos
enim quidam præſcribunt fines Harmonicæ diſciplinæ, hi quidem
aſſignationem carminum & numerorum aſſerentes finem eſſe modulationes ſingulas intelligendi, alij uero tibiarum conſideratione,
ac ſcire queadmodum ſingula, quæ iis canuntur, & unde fiant: qui
hæc inquiunt omnino aberrant à ſcopo. adeo enim deſignatio finis
nó eſt Harmonicæ ſcientiæ, ut ne pars quidem ſit ulla, niſi & metri-
cæ finem putemus ſcite metra, ſiue uerſum ſcribere. Quod ſi, ut in
his neceſſe non eſt, eum qui ſciat ſcribere Iambicum, ipſum quoq;
componendi artem habere, ita & in modulatione. non enim neceſſe
eſt eū, qui Phrygiam cantilenam deſcripſerit, ilico ſcire quæ ſit cantilena Phrygia: manifeſtum ſit non eſſe finem dictæ ſcientiæ aſſigna
tionem numerorum. Quod autem quæ dixi uera ſint, & quod aſſi-
gnatori magnitudines interuallorum perſentire neceſſe ſit, clarum
erit his, qui inſpicere penitius rem uolent. Nam qui ſigna ponit interuallorum non ſingulis, quæ ipſis inſunt differentiis, proprium ſi-
gnum ponit, ut ſi Diapaſon interualli diuiſiones plures, quas generum differentiæ efficiant, aut figuræ plures quas gignat, ſimplicium
interuallorum ordinis alteratio. ad eandem rationem de facultatibus quoque dicemus, quas tetrachordarum naturæ edunt. Nam
quod extollentis uocant quodq; mediæ & quod ſupremæ eodem
ſigno notantur: facultatum uero diſcrimina non definiūt notæ, niſi
quod ad ipſas magnitudines attinet, at nihil ulterius. Cæterū quod
nulla pars totius diſciplinæ ſit magnitudines ipſas perſentire, dictū
eſt ſatis etiam in principio, facilius tamen id in progreſſu intellige-
tur: neque enim tetrachordarum, neque ſonorum facultates, neque
generum differentias, neque (ut paucis dicam) cōpoſitorum & numerorum differentiam, neque ſimplex & mutabile, neque modos
Melopæarum, neque aliud quippiam omnino per ipſas magnitudines efficitur notum. Siquidem igitur per imprudentiam in ea opinione hæſerunt, qui Harmonici uocantur, animum ſanè moresque
non reprehendas, imprudentiæ tantum nimiæ & uehementis inſi-
mules, ſi uero licet perſpexerint quod aſſignatio finis minimè ſit
harmo-

harmonicæ fcientiæ,tamen in rudium gratiam,& ut oculare aliquod
opificium edant, eam opinionem afferunt, contra eos abfurdi de-
prauatiq; animi & improbitatis nimiæ poftules: primum quidem
quod iudicem oportere conftitui putent fcientiarum rudem: abfurdum enim fuerit idem fimul iudicare & addifcere eundem: deinde
quod cum intelligere manifeftum aliquod opus ex illorum fententia ponant, contra aftruunt: cuiufuis enim occularis opificij terminus eft intelligentia: quippe quæ præfidet omnibus & iudicat.Nam
qui manus, aut uocem,aut os, aut fpiritum, aut tale quoduis exifti-
mat multum differre ab inanimatis inftrumentis, non rectè putat, fi
uero anima ueluti contegitur fcientia, neq; prompta multis ac mani
fefta eft, quemadmodum quæ manus opera conftant, & cætera huiufmodi, non ob id aliter opinandum eft habere fe, quæ dicta funt:
nimirum aberrare à uero uidebimur, fi id fane quod iudicat, neque
finis, neque domini loco habuerimus. id uero quod iudicatur finé
dominumq; ftatuerimus. Porrò non minus abfurda eft, quàm hæc
aliorum quoque opinio. Maximum ergo & in fumma flagitiofum
eft peccatum referre ad inftrumentû rei harmonicæ naturam: cum
nihil inftrumentis infit, ob quod tale fit in fonis uocatum congruû,
aut talem ordinem habeat:non enim quia tibiæ foramina & caui-
tas adeft cæteraq; id genus, neq; ob manus operam, aliarumve par
tium quibus intendere & remittere fonum folemus, ideo confonat
cum Diateffaron Diapente uel Diapafon,aut aliorum interuallorû,
quoduis conuenientem magnitudinem nácifcitur: ubi enim omnia
præfto fuerint, nihilo minus tamen plurimum tibiæ aberrent à congrui foni ordine. Siquidem parui momenti funt, quæ his omnibus
efficiuntur ablatione, uidelicet additio neq; & fpiritus intéfione, ac
remiffione, aliisq; id genus caufis, ut manifeftû fit nihil differre, qd̄
ad ipfas attinet tibias bonam à mala, quod accidere nó oportebat,
fi quidem quid operæpretium effet reductionis ad inftrumentum fo
nis congruum: fufficiebat enim ftatim ad tibias referre modulationem, eamq; ilico rectam minimeq; fallacem, aut contortilem effe:
uerum enim uero neque tibiæ, neq; aliorum inftrumentorum quoduis unquam confirmabit, conftituetve congrui foni naturam: ordinem enim quendam in fumma naturæ congruorum fonorum admi-
rabilem inftrumenta fingula mutuantur,quatenus licet à fenfus arbi
trio ad quem reducuntur: & illa & reliqua Mufici negocij omnia.

D 2 Etenim

28 *Aristoxeni Harmonicorum*

Etenim qui putat, eo quod eadem foramina tibiarū intuetur quotidie, aut chordas intenſas eaſdem, idcirco inueniſſe ſe congrui ſoni naturam in ipſis permanentem, eodemque ordine conſtantem, planè ſtolidus ſit, ſicut enim in chordis non eſt conſonātia, niſi quis ipſam manus opificio admotam accommodet, ita neque in foraminibus, niſi quis eam digitis ſcire congruere faciat. Quod uero nullum inſtrumentum ipſum per ſe ſit conſonum, ſed ſenſus ſit eius dominus, manifeſtum eſt adeo, ut uerbis opus non habent; cum per ſe liquidum ſit, ac potius admiratione dignum, quod cum hæc uident non deſiſtunt ab opinione huiuſmodi, conſpicati tibias moueri, neque unquam eodem ſe modo habere, imo ſingula quæ tibia canuntur cauſas à quibus eduntur murare. ſerè igitur iam patebit ob nullam cauſſam reduci debere modulationem ad tibias: neque enim cōſtituet, ſeruabitq; conſonantiæ ordinem, id quod dixi inſtrumen tum, neque ſi ad aliquod inſtrumentum quis putet referri debere, tibiam ad hoc ſanè ne uſurpet, quippe omnium maximè deciperetur, tum in tibiarum conſtitutione, tum in manus opere, atque ab ipſa rei natura aberraret. Quæ igitur prius percurrat quis de harmonica, quæ uocatur tractatione, ſerè huiuſmodi ſint. Aggreſſuros uero de elementis ſermonem, oportet ante omnia intelligere, quod minimè licet rectè enarrare quippiā, niſi tribus his, quæ dicētur, prius conſtitutis. Primum quidem rectè acceptis iis ipſis quæ apparere, deinde definitis rectè prioribus & poſterioribus in ipſis, tertium eſt, ut conſpiciatur quid accidat confeſſumq; ſit in modo. Quandoquidem uero cuiuſlibet ſcientiæ, quæ ex problematis pluribus conſtat, principia accipere decet, quibus demonſtrentur ea, quæ poſt principia emergunt, neceſſe utique erit ea accipere animaduertētes duo hæc primum quidem, ut uerum, apparensq; ſit unumquodq; corū, quæ in principales propoſitiones accipiuntur, deinde tale ſit, ut in primis à ſenſu conſpiciatur harmonicæ rei partibus: nam quomodocunque demonſtrationem efflagitare non eſt principiorum indolis. In ſumma uero ſub-initium obſeruare conuenit, ne extra metas euagemur à quauis uoce, aut motione aeris incipientes, neque contra nimis introrſum deflectentes pleraque cantui propria omittamus. Ergo, ut hinc ordiamur, tria genera ſunt modulationū, Diatonum, Chroma, Harmonia. atq; horum differentiæ poſtea dabūtur: nunc id exponamus, quod omnis modulatio erit, aut diatonos, aut
chro-

chromatica, aut enarmonia, aut mista ex ipsis, aut ipsarum cômunis.
Porrò secunda diuisio est interuallorum: ut alia consona sint, alia
dissona, ac notissimæ uidentur esse hæ duæ interualloru differentiæ:
tum qua magnitudine differunt inter se se, tum qua consona separan
tur à dissonis: continetur autem posterior iam dicta differentia à
priore: etenim omne consonum à quouis dissono discrepat magnitudine: quoniam uero consonantium plures sunt inter ipsa differen
tiæ, una quæpiam inter eas celeberrima exponatur: hæc uero est
quæ à magnitudine censetur. Sint iam octo consonantium magnitudines; quarum minima sit Diatessaron: id ipsum uero etiam natura minimum esse contingit, cuius rei signum est, quod canimus
quidem nos complura ipso Diatessaron minora, dissona tamen omnia. Secunda Diapente, quod autem inter hæc medio loco sit interuallum id omne dissonum fuerit: tertia ex datis iam consonis compositum Diapason: interiectæ etiam inter eas magnitudines omnes dissonæ sint. Hæc igitur dicimus, ut ab antiquioribus accepimus, de reliquis uero nobis ipsis dispiciendum est. Ergo quod primum sit dicamus, quod cum Diapason omne consonum interuallû
compositum conflatam, inde magnitudinem consonam efficit, estq;
hæc istius consoni interualli affectio propria: enimuero & minore
apposito & æquali & maiori, compactum ex ipsis consonum erit:
quæ res primis consonantiis non inest: neque enim si æquale utriuis
earum apponas, totum consonum reddas, neque quod ex alterutra
earum & Diapason colligitur: sed planè dissonabit quod ex dictis
consonantiis collectum fuerit. Cæterum Tonus est quo Diapente
quàm Diatessaron maior est: ac Diatessaron est tonorum dimidium
& semissis. Ex toni uero partibus modulamur dimidiam, quod uocamus Hemitonium, ac trientè quæ Diesis chromatica dicitur minima, ac quadrâtem, quæ Diesis enarmonios minima uocatur. hoc
minus interuallum cantatur nullum. Verum oportet primum quidè
idipsum non ignorare, quod multos falsos habuit, putantes dicere
nos tonum in quatuor æqualia diuisum cantari: quod ipsis euenit,
ideo quia non intelligunt aliud esse capere trientem toni, & tonum
in tria diuisum cantare. Deinde simpliciter quidem nullum opina-
mur interuallum esse minimum. Generum uero differentiæ accipiû-
tur in tetrachordo huiuscemodi: quale est quod à media in supremam extremis manentibus, motis autem mediis, nunc utrisque,
nunc

nunc altera tatum. Iam cum necessarium sit sonum, qui mouetur, in
loco quodam moueri, accipiendus hercule locus erit definitus am-
horum, quos diximus, sonorum. Videtur autem intensissima esse chor
darum Index quæ à media tono distat: hæc uero diatonum genus
constituit: grauissima uero quæ tonis duobus. atque ea sit enarmonios: quare manifestum erit ex his, quod toniæus est Indicis locus:
at Penesupremæ interuallum minus non effici Diesi enarmonia cô-
stat, cum omnium quæ modulamur minima sit enarmonia Diesis.
Porrò intelligendum est idipsum ad duplum augeri: quando enim
in eandem tensionem deueniunt Index remissa & Penesuprema intensa definiri uidetur, uterq; locus ut manifestum sit, quomodo efficitur Index, moto uno quolibet inter mediam & indicem interual
lorum. Quamobrem enim mediæ quidem & Penemediæ unum est
interuallum: & rursus mediæ & supremæ, aliorumq; quotquot mouent sonorum, mediæ uero & indicis interualla multa esse ponuntur. præstiterit enim sonorum nomina mouere, neque amplius Indices uocare reliquas: quandoquidem uel ditones uocetur, uel
aliarum una quæpiam: quippe alios esse sonos oportet, qui aliam
magnitudinem terminent: atque ita se habere debeant, & opposita
ipsis æqua magnitudine, iisdemq; nominibus comprehendi. Ad ista
huiusmodi ferè rationes allatæ sunt: primum quidem quod uelle,
ut differentes à se mutuo soni peculiarem magnitudinem interualli
obtineant, magnum quiddam moliri est: uidemus enim quod infima quidem & media à Penecinfima & Indice differunt uirute, ac
rursus pemultima & Index à tertia & Penesuprema. Similiter & hæ
à Penemedia & Suprema: acob eandem causam peculiaria ponuntur. ipsis nomina: interuallum uero omnibus supponitur in Diapente: ut manifestum sit fieri non posse, ut semper magnitudinum
interuallarium differentia sequatur discrimen sonorum. Quod uero
neque contrarium consequi oportet intelligere quilibet poterit ex
his, quæ dicentur. Primum ergo si in unaquaque augmétatione, aut
diminutione eorù quæ in genere spisso (ut uocant,) accidunt. peculiaria quæramus nomina, patet infinitis uocabulis opus fore: eo
quod indicis locus in sectiones infinitas diuiditur. deinde si obserue
mus æquale & inæquale, repudiemus dinotionem similis & dissimilis, quare neque densum seu spissum appellemus, præter unam magnitudinem: ac manifestum est quod, neque harmoniam, neque
chroma,

chroma, etenim & hoc loco quodam diſſident. patet uero nihil horum ad ſenſum apparere : quippe ille ad ſimilitudinem unius cuiuſpiam ſpeciei intuens Chroma appellat & Harmoniã : non ad unius
cuiuſpiam interualli magnitudinem, ut denſi (inquam) generis po-
nens duo interualla, uno minorem locum obtinere : apparet enim
in omnibus denſis denſi cuiuſdam uox, licet magnitudo diuerſa ſit;
chromatis uero, aut dieſeos ſi chromaticum genus appareat : nẽpe
peculiarem motionẽ quodlibet genus ad ſenſum obtinet, non unã
uſurpãs tetrachordi ſeĉtionem, ſed multiplicem : ut manifeſtum ſit,
quod motis magnitudinibus ſtare accidit genus : neque enim ſimiliter mouetur magnitudinibus motis aliquotenus : ſed permanet,
atque eo manente, par eſt etiam ſonorum uirtutes permanere : adeo
ut uere quiſpiam accedat eorum ſententiæ, qui de generum colore
addubitant : neqʒ enim ad eandem diuiſionem reſpicientes omnes,
aut chroma, aut harmoniam concinnant : quare cur potius diatonum Indicem uocabimus, quàm paulo intẽſionem : cum harmonia
uideatur ſe offerre ſenſui in utraque ſeĉtione. Magnitudines uero
internallorum patet, non eaſdem eſſe in utraque diuiſione : ſpeciem
uero tetrachordi eandem : quare & interuallorum terminos neceſſe
eſt dicamus eoſdem eſſe. Vt uero ſummatim dicamus, donec man-
ſerint continentium nomina, ac dicatur earum acutior quidem media : grauior autem ſuprema, manebunt etiam contentorum uocabula, diceturqʒ acutior media, grauior ſuprema : ſemper enim inter
mediam & ſupremã ſenſus Lychanum & Peneſupremam collocat.
Velle autem, ut uel æqualia interualla iiſdem nominibus definiãtur,
uel inæqualia, ideſt repugnare apparentibus ſenſui : quippe cui ſæpe Supremæ & Peneſupremæ interuallum æquale, Peneſupremæ
& Indicis aliquando æquale, aliquando inæquale cantatur. Quod
uero non licet duo interualla deinceps ſe conſequentia iiſdem nominibus utraque contineri, clarum eſt : niſi uelimus mediæ duo tri-
buere nomina : ac in ipſis etiam inæqualibus patet abſurditas. neque enim fieri poteſt manente altero nominum moueri reliquum :
quippe quæ ad ſe inuicem dicuntur : quemadmodum enim quartus
à media ſupremus ad mediam dicitur, ita proximus mediæ, Index
ad mediam dicitur. Haĉtenus ad dubitationem reſponſum eſto.
Denſum uero dicatur eouſqʒ dum in tetrachordo Diateſſaron extre
mis conſonantibus duo interualla compoſita reliquo minorem locum

cum obtineant. Porrò tetrachordi funt diuifiones celebriores hæ
in cuilibet notus interuallorum magnitudines fectæ. Vna quidem
diuifionum eft enarmonios, in qua denfum femitoniū eft. reliquum
diatonum :tres uero chromaticæ, ea quæ mollis eft chromatis, &
quæ fefquialteri, & quæ toniæi. Mollis ergo chromatis diuifio exi
ftit, qua denfum quidem ex duabus chromaticis Diefibus minimis
componitur, reliquum duabus menfuris cenfetur, femitonio quidé
ter, chromatica uero Diefi tribus Semitoniis, & toni triente femel :
eft uero chromaticorum denfum minimum : & Index quæ ipfa grauiffima eft generis huius.Sefquialteri uero chromatis diuifio eft,qua
& denfum fefquialterum eft, tam enarmonij quàm utriufqꝫ Diefium
enarmoniarum.Quod autem maius eft fefquialterum denfum molli
facile eft uidere. nam illud ab enarmonia diefi abeft tono. hoc uero
à Diefi chromatica. porrò Toniæi chromatis diuifio eft,qua denfum
quidem eft Semitoniis duobus conficitur, reliquum uero trium fe-
mitoniorum exiftit. Ad hanc igitur diuifionem ufque ambo mouen
tur foni : poftea uero Penefuprema manet, quippe quæad fuum locum tranfiit, Index uero mouetur per Diefin enarmoniam, fitꝙꝫ Indicis & fupremæ interuallum æquale Indicis & Mediæ,adeo ut nufquam fiat denfi fpecies in hac diuifione. Contingit autem fimul cef-
fare denfum conflatum in diuifione tetrachordorū & incipere Diatoni generis confectionem. Sunt autem duæ Diatoni diuifiones :
tum quæ mollis,tum quæ intenfi dicitur : ac mollis quidem Diatoni
diuifio eft, qua Supremæ & Penefupremæ interuallum Semitonij
eft, Penefupremæ uero & Indicis trium diefium enarmoniarum,In-
dicis & Mediæ quinque diefium. Intenfi uero diuifio eft qua Supremæ & Penefupremæ femitoniæum eft interuallum. reliquarum uero
toniæum utrunꝗ. Indices ergo funt fex, una enarmonios, tres
chromaticæ ac duæ diatoni : Penefupremæ uero quatuor, quot, fcilicet & tetrachordorum diuifiones funt : Penefupremæ uero duabus minores : nam Semitonica utimur tam ad diatonos quam ad to
niæi chromatis diuifionem. Porrò cum quatuor fint Penefupremæ ,
enarmonios quidem propria eft harmoniæ , tres autem communes
diatoni & chromatis. In tetrachordo autem interuallum fupremæ
& Penefupremæ ei quod eft Penefupremæ & Indicis, uel æquum
cantatur, uel minus : maius uero nequaquam : quod æquum patet.
atque ex chromaticis, ita quis intelligat fi Penefupremam accipiat
                                                              mollis

mollis chromatis, Indicem uerò toniæi: etenim huiusmodi diuisiones densorum aptæ cantui esse uidentur: mixtum uero conficitur ex cõtraria sumptione: siquis Penesupremam accipiat semitoniæã, Indicem uero sesquialteri chromatis: aut Penesupremam quidem sesquialteri, Indicem uero mollis chromatis. Inconditæ enim uidetur huiusmodi diuisiones. Cæterum Penesupremæ, & Indicis, & Mediæ: tam æquale cantatur, quàm inæquale ambifariam: æquale quidem in contensiore Diatono, minus uero in omnibus reliquis: maius autem quando Indice quidem intensissima diatonorum, Penesuprema uero grauiorum aliqua semitoniæa usurpatur. Posthæc demonstrandum est de successione, quæ deinceps dicitur: subiicie-musq; primum oculis modum ipsum, quo deinceps definiendum uenit. Simpliciter ergo dicatur, quærendum esse iuxta ipsius modulationis naturam, quod deinceps esse uolumus, & non, ut ij, qui ad densationem respicientes consueuerunt respondere continuum: quippe negligere ij uidentur modulationis ductum. Manifestum, id est ex multitudine deinceps positarum diesum: neque enim per tot cuiuspiam uox perueniat, quippe quæ tria duntaxat continuare queat: quare clarum erit, quod deinceps dicimus, id neque in minimis, neque in inæqualibus, neque æqualibus semper quæri debere interuallis, sed sequendam esse naturam, quocirca exactam rationem ipsius, deinceps nondum facile est reddere, donec interuallorum compositiones reddantur. Quod autem sit quædam ipsius deinceps natura etiam penitus imperito constet ab huiusmodi quadam inductione. Credibile enim est nullum esse interuallum, quod modulantes in infinita diuidamus, quin esse quendam maximum numerum, in quem secatur interuallorum unumquodque à modulatione: quod si fatemur, aut probabile, aut etiam necessarium esse, nimirum qui prædictorum numerorum partes contineant soni, eos deinceps se mutuo sequi dicamus: porrò uidentur iidem esse soni, quibus iã olim utimur, cuiusmodi est infima cum Peneinfima, eisq; continua. Proximum fuerit definire id, quod primũ est, maximeq; necessariorum eorum omnium, quæ tendunt ad concinnas compositiones interuallorum. In omni autem genere à quouis sono per loca deinceps sita deductum carmen, tam ad graue, quàm ad acutum, aut quartum deinceps Diatessaron, aut quintum Diapente conso-

E num

num accipit: cui uero neutrum horum accidit, id non inconditum fit ad omnes, in quibus iuxta expofitos numeros diffono ei effe euenit. Id etiam fcire licet, non fufficere id quod diximus ad concinniratem, componi complexiones ex interuallis : nihil enim uetat con fonatibus fonis iuxta propofitos numeros inconditam complexionem conftitui : atqui nifi hæc exiftat recta, nulla amplius reliquorū utilitas fuerit. Ponatur ergo id primum ordinis inchoandi caufa, quo oblato caffa eft omnis modulatio. Simile uero, ideft quodammodo ipfis tetrachordarum inter fe mutuo pofitionibus. Nam fi eiufdem complexionis duo tetrachorda futura fint, neceffe eft alterum euenire : nempe enim aut confonabunt inter fe mutuo, ut fingu lum fingulo confonum fit iuxta quamuis côfonantiam : aut ad idem confonabunt, non uno eodemque in loco continuo pofita, cui alterum eorum confonet. Neque uero id fufficit, ut eiufdem complexionis effe perhibeamus tetrachorda: accidere enim oportet & alia nonnulla, de quibus in fequentibus narrabitur. Sed citra hoc omnia quæ reftant inutilia fuerint. Quia uerò interuallarium magnitudinum, quæ quidem confonantiis affines funt, aut alioqui locum habere non uidentur, fed in magnitudine terminata funt, aut omnino fimplicem quendam. Quæ uero diffonantium funt, multò minus id obtinent, atque ideo multò magis confonantium di ftantiis credit fenfus, quàm diffonantium. Exactiffima uero fuerit diffoni interualli acceptio ea, quæ per confonantiam fit. Siquidem ergo præfigatur ad datum fonum capere in grauiorem terminum dif fonantiam, puta Ditonum, uel aliam quampiam earum, quæ accipi queant per confonantiam in acutum uerfus, à dato fono accipiendum eft ipfum Diateffaron, feu in graue ipfum Diapente. Dein rurfus in acutum ipfum Diateffaron, fiue in graue ipfum Diapente : atque ita erit Ditonum ab dato fono, quod acceptum fuerit in graue uerfus. Quod fi in contrarium proponatur accipere Diffonum, contra oportet confonantium inftituere fumptionem. fit autem & fi à confono interuallo diffonum auferatur per confonantiam, & reliquum per côfonantiam acceptum : auferatur enim Ditonum à Diateffaron confonantia, manifeftum iam eft, quod exceffum continen tes, aut Diateffaron excedit ditonum per confonantiam erunt erga fe mutuo accepti foni. nam termini ipfius Diateffaron confoni funt :

ab

ab'acutiore uero ipforum accipitur fonus confonus in acutum Diateffaron, ab accepto autem alter in graue Diapente : deinde ad hoc
alius in graue Diapente : & accidit ultimum côfonum in acutiorem
partem eorum, qui exceffum definiet : quare manifeftum erit, quod
fi à confono diffonum auferatur per confonantiam, erit & reliquum
per confonantiam acceptum. Vtrum uero recte fupponatur Diateff-
faron in principio duorum tonorum & dimidij, ad hûc fanè modum
quis perquirat accuratiffimè. Sumatur enim Diateffaron, & ad utrûque terminum confonum intercipiatur per confonantiam : patet iâ
neceffe effe ut exceffus æquales fint : quando æqualia ab æqualibus
ablata funt. poft id uero ei qui acutiorem ditonum in graue terminat Diateffaron accipiatur in acutum, ei uero qui grauitonum Ditonum in partem acutiorem definit capiatur, alter Diateffaron in partem grauiorem, patet utiq; quod confecta ad utrunque terminum,
complexio duo continui erunt & non unus. exceffus quos oportet
æquales effe propter ea, quæ prius diximus . His ita præparatis extremos terminantium fonorum in fenfum adducamus. Siquidem ergo uidebuntur diffoni, liquet non fore Diateffaron duorum tonorû
& dimidij, fi uero confonabunt Diapente, manifeftum quod duorum tonorum & dimidij erit ipfum Diateffaron . Nam grauiffimus
acceptorum fonorum Diateffaron concinnatus eft confonus, ei qui
grauiorem ditonum in acutum uerfus terminat Diateffaron, acutif-
fimus uero fumptorum fonorum Diapente refpondet grauiffimo :
adeo ut cum exceffus fit tonizus & in æqualia diuifus, quorû utrunque fit Semitonium & exceffus quidem ipfius Diateffaron eft fupra
Ditonum, liquet quod quinque Semitoniorû continget effe ipfum
Diapente. Quod autem acceptæ complexionis extrema non confonabunt, alio refponfu quàm Diapente in promptu eft uidere. Primum ergo quod non refpondent in Diateffarô hinc intelligas: quoniam ad acceptum ab initio Diateffaron exceffus apponitur in utrâ-
que partem : deinde quod Diapafon minimè reddunt confonantiâ
dicamus, nam quæ ab exceffibus fit magnitudo minor eft Ditono ,
minore enim fuperat Diateffaron quàm tono ipfum Ditonum, ac
conceditur ab omnibus Diateffaron maius quidem effe duobus tonis, minus uero tribus : quamobrem omne quod apponitur Diateffaron, minus eft ipfo Diapente, manifeftum eft, quod conflatum

ex ipsis non erit Diapason. Si uero consonant extremi sumpto-
rum sonorum, maiore quidem responsu quàm Diatessaron, minore uero quàm Diapason, necesse est ipsos Diapente respondere.
Ea enim sola magnitudo consonare reperitur inter Diatessaron
& Diapason.

Finis secundi libri.

HARMONICORVM
ELEMENTORVM ARISTOXENI,
LIBER TERTIVS.

VAͤ deinceps sunt tetrachorda, aut coniuncta, aut
disiuncta sunt. appelletur uero Coniunctio quidē,
ubi duobus deinceps tetrachordis similibus, quod
ad modulationis habitum attinet, sonus extiterit in
medio communis : Disiunctio autem, quãdo si duo
tetrachorda, deinceps decantentur similia secun-
dum figuram pars extiterit in medio. Quod autem necesse est alterum horum accidere, iis quæ deinceps sunt tetrachordis, liquet ex
suppositis. Nã quatuor, qui deinceps Diatessaron respõdent, coniunctionem efficient : qui uero quinque Diapente disiunctionem :
quare si alterum horum sonis inest, oportet etiam deinceps tetrachordis, alterum dictorum suppetere. Iam uero dubitarit aliquis au
dito deinceps, primum in genere quidnam sit ipsum deinceps, deinde utrum iuxta unum tãtum fit modum, an plurifariam : tertio an
forte ambo hæc deinceps sintram coniuncta, quàm disiun cta. Ad
hæc huiusmodi ferè rationes perhibentur : eas summatim complexiones esse continuas, quatũ fines, siue deinceps sunt, siue alternãt.
Duo autem sunt ipsius deinceps modi, unus quidem acutior, alius
secundum quem acutioris cõplexionis grauior terminus deinceps
existit grauioris complexionis acutiori termino. iuxta priorem ergo
termi-

terminorum situm, quodammodo communicant tetrachordorum
eorum, quæ deinceps sunt complexiones: & necessario dissimiles
existunt: iuxta alterum uero modum diuisæ sunt à se mutuo, similesq; euadere queunt tetrachordarum species. Id uero sit si tonus
in medio ponatur, alioquin minime. quare duo tetrachorda similia ea accidunt deinceps inter se, quorum uel tonus in medio est,
uel alternant termini: ut quæ deinceps tetrachorda similia sunt ea,
uel coniuncta necesse est esse uel disiuncta. Asserimus autem opor
tere tetrachordarum, quæ deinceps sunt, aut simpliciter in medio
nullum oportere esse tetrachordum, aut non simile. Similium ergo
secundum speciem tetrachordorum in medio non ponitur simile te
trachordum, dissimilium uero deinceps nullum ponitur in medio
tetrachordum. Ex dictis manifestè liquet, quod similia secundum
speciem tetrachorda iuxta prædictos duos modos deinceps inter
se mutuo ponentur. Incompositum uero est interuallum: nam si
deinceps sunt qui continent nullus deficit; qui uero non deficit
non incidet, porrò qui non incidit, non diuidet: denique qui non
habet diuisionem, neq; compositionem habebit: omne enim quod
componitur, ex partibus quibusdam compositum est, in quas etiam
diuidi possit. Fit autem & in hac proposita re error ob magnitudinum communionem huiusmodi quidam. Enimuero mirantur,
quomodo tandem Ditonum cum incompositum sit, possit diuidi in
tonos, aut quomodo rursus incompositus sit tonus, qui in duo semitonia diuidi queat. Eandem rationem proferunt & de semitonio. Id autem ipsis usu uenit ob ignorantiam, quod non conspi-
ciant interuallarium magnitudinum nonnullas contingere, ut sint
compositi simul & incompositi interualli: ob hanc enim causam
non magnitudine interualli incompositum definitur, sed continentibus ipsum sonis: nam Ditonum quando ipsum terminant media
& Index incompositum est: quando uero Media & Penesuprema,
compositum. Ideo dicimus non in magnitudinibus interuallorum
esse incompositi rationem, sed in continentibus sonis. In generum uero differentiis ipsius Diatessaron partes duntaxat mouentur, quod autem disiunctionis proprium est, immobile est omnino enim diuisa modulatio est in coniunctionem & disiunctionem:
quæ constatur ex pluribus uno tetrachordis: sed coniunctio quidem

dem ex quatuor duntaxat partibus incompofitis conftat : quare neceffario in hac ipfius Diateffaron partes tantum mouebuntur, difiunctio uero peculiarem praterea habeat tonum . Si igitur often datur quod proprium eft difiunctionis id non moueri in generum differentiis, liquet in ipfis Diateffaron partibus motionem relinqui . eft autem grauior tonum continentium acutior iis, qui tetrachordum continent grauius iis, qui in ipfa difiunctione fui funt. Similiter autem erat & hic immobilis in generum differentiis : acutior uero tonum continentium grauior tetrachordum continentibus acutius iis, qui in difiunctione pofiti funt . Similiter autem erat & hic immobilis in generum differetiis : quare cum manifeftum fit, quod comprehendentes tonum immobiles funt in generum differentiis, patet quod relinquitur, ut & ipfae Diateffaron partes folae moueantur in iam dictis differentiis . Porrò in unoquoque genere tot funt incompofita plurima, quot fanè in ipfo Diapente : etenim omne genus, uel in coniunctione fub cantum uenit, uel in difiunctione, quemadmodum prius dictum eft : demonftratum eft uero quod coniunctio ex Diateffaron partibus fola componitur, difiunctio uero antea pofita peculiare interuallum, id autem eft tonus : appofito uero tono ad Diateffaron partes conficietur Diapente : quare manifeftum erit, quod quia nullum genus poteft iuxta unum celebrem acceptum ex compluribus incompofitis componi iis, quae funt in Diapente : liquet quod in unoquoque genere tot erunt plurima incompofita, quot in Diapente. perturbare autem folet nonnullos & in hac re quomodo apponitur plurima ? & cur non fimpliciter oftenditur, quod ex totidem incompofitis unumquodque genus conftat, quod funt in Diapente ? ad quos haec refpondeantur, quod ex minoribus incompofitis erit, quandoque unumquodque genus compofitum : ex pluribus uero neutiquam : atq; ob hanc caufam id ipfum primum demonftratur, quod non accidit ex pluribus incompofitis componi generum quoduis iis quae in Diapente reperiuntur, quod autem & ex minoribus quandoque componetur unumquodque ipforum in fequentibus oftendetur . Denfum uero ad denfum inconditum habetur tam pars eius quàm totum : neque enim Diateffaron ipfi Diateffaron confonabit, neque Diapente cum Diapente, neque ita pofiti foni inconditi, & à cantu abhor-

abhorrentes erant. porrò ditonum continentium grauiſſimus, denſi
acutiſſimus eſt, acutior uero grauiſſimus: neceſſe enim eſt in coniunctione denſorum Diateſſaron reſpondentium in medio eorum
iacere Ditonum. Similiter autem & eorum qui coniunctione ditonorum Diateſſaron conſonant in medio, neceſſe eſt iacere denſum. Cæterum his ita ſe habentibus, neceſſe eſt uiciſſim tam denſum quàm ditonum ſitum-eſſe, ut manifeſtum ſit, quod grauiſſimus
quidem continentium ditonum acutiſſimus erit eius. quod in gra-
ui ſitum eſt denſi: acutior uero eius, quod in acutum ponitur denſi
grauior. qui uero tonum continent, ambo ſunt denſi grauiſſimus.
ponitur enim tonus in diſiunctione inter huiuſmodi tetrachorda,
quæ qui continent grauiſſimi ſunt denſi. Ab his autem & tonus
continetur: etenim grauiſſimus tonorum continentium acutior eſt
iis qui grauiſſimum tetrachordorum continent, acutior uero tonum
continentium grauior eſt iis, qui acutius tetrachordum comprehendunt: quare manifeſtum erit, quod tonum continentes grauiſſimi
erunt denſi: duo uero ditona deinceps ſanè collocabuntur: ponantur enim uero, ſequetur autem acutius ditonum denſum in parte gra
uiorem, acutiſſimus enim erat denſi is, qui in graue uerſus ditonum
terminat: grauiorem uero ditonum in partem acutiorem ſequetur
denſum; grauiſſimus enim erat denſi is, qui in acutum uerſus definit ditonum : cæterum hoc contingente duo denſa deinceps ſita
erunt: quod cum inconditum abſonumque ſit, abſonum quoque
erit duo ditona deinceps poni. Sed in Harmonia & Chromate duo
tonira deinceps non collocabuntur: ponantur enim in acutum pri
mum: neceſſe iam fuerit, ſiquidem abſonus eſt, qui propoſitum
tonum definit ſonus in partem acutiorem conſonare, aut quarto
deinceps Diateſſaron, aut quinto Diapente, neutroque horum ei
contingente oportet abſonum eſſe: quod autem non continget:
liquet. Enarmonios enim cum ſit Index quatuor tonis ab aſſumpta
diſtabat. quippe quæ ſit quartus ſonos, Chromatica uero, ſiue mollis chromatis, ſiue ſeſquialteri maiori aberit interuallo Diapente:
cumque toniro abfuerit Diapente reſpondebit ad aſſumptum ſonum : quod tamen non oportebat, ſed uel quartum reſpondere
Diateſſaron, uel quintum Diapente: atqui neutrum horum euenit:
unde manifeſtum ſit abſonum, fore ſonum eum, qui aſſumptum tonum

num definitiuerit in partem acutiorem : ſed in grauiorem partem ſi collocetur tonizum ſecundum diatonum reddet genus: quare liquet, quod in Harmonia & Chromate non ponentur duo tonizа deinceps: in Diatono uero tria toniza deinceps ponentur, plura uero non: etenim qui quartum tonizum definit ſonus, neque quarto Diateſſaron, neque quinto Diapente conſonabit. In eodem uero genere hoc duo Semitonizа deinceps non ponentur . ponantur enim primum in grauiorem partem ſubiecti ſemitonij appoſitum ſemitonium : contingit uero ſonum terminantem appoſitum ſemitonium, neque quarto Diateſſaron conſonare, neque quinto Diapente : itaque abſona erit Semitoniei poſitio. Quod ſi in acutum ponatur exiſtentis Semitonij, Chroma erit : quare manifeſtum eſt quod in Diatono duo Semitonizа non ponentur deinceps . Cuiuſmodi igitur incompoſita poſſint æqualia deinceps collocari, & quot numero, & qualia contrarium obtinent, neque ſimpliciter poſſunt poni æqualia, & deinceps, plane iam oſtenſum eſt . De inæqualibus uero nunc dicendum . Denſum ergo ad Ditonum tum in partem grauiorem, quàm in acutiorem collocatur. Demonſtratum eſt enim in coniunctione uiciſſim poſita hæc interualla eſſe, unde conſtet quod utrumque utrique tam in acutiorem quàm in grauiorem partem adhærebit . Tonus uero ad ditonum in acutam partem duntaxat ponitur : ponatur enim in grauiorem, accidet iam, ut in eandem tenſionem cadant grauiſſimus denſi unaꝗ; acutiſſimus : nam qui ditonum in graue uerſus terminat acutiſſimus erat denſi, qui uero tonum in acutum grauiſſimus . His autem ita cadentibus in eandem tenſionem neceſſe eſt duo denſa poni : quod cum abſonum ſit, neceſſe eſt etiam hunc in graue ditonizi abſonum eſſe . Cæterum tonus ad denſum duntaxat in partem grauiorem ponitur . enim uero ponatur in contrariam : accidet ſanè idipſum impoſſibile rurſus : nempe in eandem tenſionem, tam acutiſſimus denſi, quàm grauiſſimus concident : quamobrem duo denſа, deinceps collocari oportebit. Id autem cum abſonum ſit, neceſſe eſt & huius poſitionem eā (inquam) quæ in acutam partem dēſi eſt, abſonam eſſe. Iam in Diatoni tono utrinque Semitonium non congruet, continget enim, neque quartos eorum, qui deinceps ſunt Diateſſaron conſonare, neque quintos Diapente. Duorum uero tonorum, aut trium, utríque

que in partem Semitonium congruit : confonabunt enim uel quarti
Diateffaron, uel quinti Diapente à Semitonio quidem in acutiorem partem : duo uero qui & in grauiorem duo : à Ditono uero
duo quidem in partem acutiorem, una in grauiorem. oftenfum eft
enim in acutum quidem denfum pofitum & tonus : plures uero his
non erunt uiæ à dicto interuallo in partem acutiorem. In grauiorem uero denfum folummodo ; relinquitur enim ex incompofitis
Ditonum duntaxat . Duo uero ditona deinceps non etiam collocantur. unde manifeftum fit duas tantum uias fore a ditono in acutum : in grauiorem uero partem unam. Monftratum eft enim quòd
neque Ditonum cum Ditono componetur, neque tonus in grauiorem partem ditoni : ergo relinquitur denfum . Inueni autem
quod à ditono in acutum fane duæ uiæ funt, una in tonum, altera
in denfum : in partem uero grauiorem una quæ eft ad denfum, à
denfo autem è contrario in graue quidem uiæ duæ, in acutum una :
oftenfum eft enim à denfo in grauiorem partem Ditonum pofitum
ac præterea tonus, tertia uero non fuperceit uia, etenim relinquitur ex incompofitis denfum : atqui duo denfa deinceps non ponuntur : quamobrem manifeftum eft quod folæ uiæ duæ erunt à
denfo in graue : in acutum uero una in diatonum : neque enim denfum cum denfo collocatur, neque tonus in acutum denfi : quare
relinquitur Ditonum. Manifeftum eft autem quod à denfo in graue
quidem duæ uiæ funt, nempe in Tonum & Ditonum : in acutum
uero una in ditonum : denique à tono una eft in utrunque uia in
graue quidem in ditonum, in acutum uero in denfum. In graue
quidem oftenfum eft quod, neque tonus ponitur, neque denfum :
unde relinquitur ditonum : in acutum uero demonftratum eft, quod
neque tonus ponitur, neque ditonum : quare relinquitur denfum.
Liquet uero quod in tono una in utranque partem uia eft , in grauiorem quidem in ditonum in acutiorem uero in denfum . Similiter fe res habebit & in Chromatis nifi quod Mediæ & Indicis
teruallium permutatim accipitur pro ditono, quod fit in unoquoq;
colore, & quantum eft denfum. Similiter & in diatonis comparatum eft. nam à communi tono generum una erit in utranque partem uia uerfus grauem fanè in Mediç, & Indicis interuallum quodcunque tandem acciderit in unoquoque colore diatonorum : uer-

F   fus

fus acutum uero in Pcnemediæ & tertiæ interuallum. Iam & hæc controuerfia plerofque decipit : mirantur enim quid ni & contrarium accidat : quippe infinitæ ipfis uidentur effe uiæ in utranque partem toni : quandoquidem Mediæ & Indicis interualli infinitæ magnitudines effe uidentur, & denfi fimiliter. Ad hos primum fanè id dictum eft, quod nihilo magis in hac propofita re id quifpiam refpexerit, quàm in prioribus capitibus. Clarum eft enim quod & à denfo alterutrius uiæ maguitudines infinitas capere licebit, & earum, quæ à ditono fumuntur fimiliter : ut tale interuallum, quale eft mediæ & indicis infinitas recipiat magnitudines : ac tale cuiufmodi eft denfum eadem fit affectione præditum qua prius dictum interuallum. Veruntamen nihilo fecius à denfo quidem duo fiunt uiæ in partem grauiorem, & à ditono in acutiorem. Non abfimiliter & à tono una fit in utranque partem uia : nam in unoquoque colore, in unoquoq; genere fumendæ funt uiæ. Singula enim, quæ in Mufica confiderātur, quatenus terminata funt ac definita, eatenus ponenda ordinandaq; ad fcientias : quod uero infinitum eft, finere oportet. Iuxta magnitudines ergo interuallorum fonorumq; tenfiones infinita quodammodo effe uidentur ea, quæ ad modulationem attinent : fed pro facultatibus & formis, ac pofitionibus, tum finita, tum ordinata. ftatim igitur à denfo uiæ quæ in partem grauiorem uergunt, tam facultatibus, quàm formis definitæ funt, & duæ numero. Nam quæ per tonum in difiunctionem ducit complexionis fpeciem, quæ uero per alterum interuallum quamcunque magnitudinem obtinet in coniunctionem. Manifeftum eft iam ex his, quod & à tono una erit in utranque partem uia, & quod unius fpeciei complexionis caufæ erunt ambæ uiæ difiunctionis. Quod autem fi quis non iuxta unum colorem unius generis conetur uiæ ab interuallis fumptas confiderare, fed fimul iuxta omnes omnium generum, is in rem infinitam ceciderit, manifeftum eft, tum ex dictis, tum ex re ipfa. In Chromate uero & Harmonia quilibet fonus denfi particeps eft : enimuero fonus quiuis in enarratis generibus, uel denfi partem definit, uel tonum, aut tale cuiufmodi eft mediæ & Indicis interuallum. Qui igitur denfi partes definiuit, nihil indigent uerbis : liquet enim eos denfi participes effe, qui uero tonum comprehendunt, oftenfum eft antea denfi eos effe grauiffimos:

porrò

porrò eorum qui reliquum interuallum comprehendunt, grauiſſimus declaratus eſt acutiſſimus denſi, acutiſſimus uero grauiſſimus.
Vnde poſtquam totidem ſunt dūtaxat compoſita, & eorum ſingula
ab huiuſmodi ſonis continentur, quorum uterque denſi particeps
eſt. liquet omnem ſonum in Harmonia & Chromate denſi participem eſſe. Porrò quod ſonorum in denſo poſitorum tres ſunt regiones, facile eſt uidere, quandoquidem denſo, neque denſum apponitur, neque denſi pars, patet enim quod ob hanc cauſam plures
neutiquam erunt dictorum ſonorum regiones. Quod autem à ſolo
grauiſſimo duæ ſunt in utranque partem uiæ, à reliquis autem una
in utranque uergens ſemita demonſtrare oportet. Erat oſtenſum
in prioribus duas à denſo uias eſſe, quod idem eſt, ac ſi dicas à grauiſſimo eorum, qui in denſo collocantur, duas uias in grauiorem par
tem eſſe; nempe hic eſt, qui denſum terminat, oſtenſum eſt ergo
quod Ditono in acutum uergentes, duæ ſunt uiæ, una in tonum,
altera in denſum: eſt autem duas à Ditono uias eſſe, idem ac ſi dicas ab acutiori eorum, qui Ditonum terminant duas uias in acutum
uergere: etenim hic eſt ille, qui termināt Ditonum, qui grauiſſimus
eſt denſi: quippe & hoc oſtenſum eſt. unde clarum erit quod à dicto
ſono duæ uiæ in utranque partem erunt. Cæterum quod ab acutiſſimo una uia utroque uerſus tendat, oſtendi oportet: demonſtratum autem fuit, quod à denſo in acutiorem partem una ſemita eſt:
nihil uero differt dicere à denſo uiam eſſe unam in acutum uergen-
tem, & à terminante ipſum ſono, propter dictam cauſam in ſuperioribus. Oſtendimus autem quod etiam à Ditono uia ſit, una in partem grauiorem: porrò nihil differt dicere à Ditono unam eſſe uiam,
in graue tendente, aut à finiente ipſum ſono, ob iam dictam cauſam.
Clarum uero eſt quod idem eſt ſonus, qui Ditonum in grauiorem
partem terminat, & qui denſum in acutiorem acutiſſimus ipſe dēſi:
unde non eſt dubium, quin una ſit uia in utranque partem in dicto
ſono. Iam quod & à medio una uia in utranque partem erit oſten-
datur. Quia igitur neceſſe eſt trium incompoſitorum unum aliquod dicto ſono apponi, eſtq; eius utranque in partem ſita Dieſis,
patet quod neque Ditonum collocabitur ad ipſum in neutro modorum, neque tonus Ditoni. nam ſi ita ponatur, aut grauiſſimus
denſi, aut acutiſſimus cadet in eandem tenſionem denſi medio, adeo

ut tres Dieſes, deinceps ponantur. Quæ cum abſonæ ſint, clarum eſt unam fore uiam in utranque partem à dicto ſono. Ergo quod à ſonis, qui in denſo ponuntur duæ utrinque erunt uiæ : à reliquis autem utriſque una in partem utranque manifeſtum eſt. Cæterum quod ſi collocentur duo ſoni, diſſimiles denſi participationem in eandem tenſionem concinnè nunc dicatur. Ponantur enim primum acutiſſimus & grauiſſimus in eandem tenſionem : cötinget iam hoc facto duo denſa deinceps poni, quod cum abſonum ſit, congruum eſt cadere in denſo ſonos. Clarum uero eſt quod neque in reliqua differentiâ ſimiles ſoni eiuſdem tenſionis congrue communicabüt. Tres enim oportet neceſſario poni Dieſos deinceps, ſiue grauiſſimus, ſiue acutiſſimus eundem cum medio particeps ſit ſtationis. Porrò quod Diatonum componitur, uel ex tribus, uel ex duobus, uel quatuor incompoſitis oſtendendum eſt. Quod igitur ex totidem pluribus incompoſitis unamquodque genus compoſitum eſt in Diapente : prius oſtenſum eſt : ſunt uero hæc quatuor numero, quare ſi ex quatuor, tria quidem æqualia fiant, atque æquale fiat in intenſiſſimo Diatono, duæ erunt magnitudines ſolæ, ex quibus Diatonum conſtitutum erit : ſi uero duo quidem æqualia, duo uero inæqualia Peneſuprema in acutiorem partem mota, tres erunt magnitudines, è quibus Diatonum genus conſtituctur, nempe minor Semitonium & tonus, maior uero toni. Si uero omnes ipſius Diapente magnitudines inæquales fiant, quatuor erunt magnitudines quæ dictum genus conſtituent : unde clarum eſt quod Diatonum, uel ex duobus, uel ex tribus, uel quatuor incompoſitis componitur. Quod autem Chroma & Harmonia ex tribus, uel ex quatuor componitur demonſtrare oportet. Cum Diapentæ incompoſitæ quatuor ſint numero, ſiquidem denſi partes æquales fierent, tres erunt magnitudines è quibus dicta genera conſtituentur, nempe denſi pars quæcunque fuerit, & tonus, & talis quale eſt Mediæ, & Indicis interuallum. Si uero denſi partes inæquales fuerint, quatuor erunt magnitudines, è quibus dicta genera conſtituentur, minima quidem talis quale eſt Supremæ & Peneſupremæ interuallum, Secunda quale eſt Peneſupremæ & Indicis, tertia uero tonus : quarta talis quale eſt Mediæ & Indicis interuallum. Iam uero non defuit, qui dubitaret : cur non, & hæc genera è duobus incompoſitis

conſti-

conſtituta ſint, quemadmodum & Diatonum, atqui manifeſtum
iam eſt, quæ ſit in genere : & quaſi ſuperficie cauſa, quamobrem id
non fiat. Tria enim incompoſita æqualia, deinceps in Harmonia
quidem & Chromate non ponuntur: in Diatono autem ponuntur.
Ob hanc quoque cauſam ex duobus tantum incompoſitis quandoque componitur. Poſthæc uero dicendum quænam ſit, & qualis ſecundum ſpeciem differentia : noſtra autem nihil intereſt dicere ſpe
ciem, an habitudinem : quippe ambo hæc uocabula de eodem uſur-
pamus. Fit autem quando eiuſdem magnitudinis ex iiſdem incom
poſitis, & magnitudine, & numero conſtructis : ordo eorum alterationem ſuſceperit. Hoc igitur ſic definito, ſcire licet tres Diateſſaron eſſe ſpecies, primam ſanè cuius denſum in partem grauiorem ,
ſecundam cuius Dieſis in utranque partem Ditoni ponitur, tertiam
denique cuius denſum eſt acutius extremum Ditoni. Quod autem
non accidit plurifariam collocari in Diateſſaron partes ad ſe mutuo quàm quot diximus, facile eſt intelligere.

Libri tres Ariſtoxeni Harmonicorum, ele-
mentorum, finis.

P. Prandus Lectori.

HABES candidissime Lector Aristoxeni opera, quę adhuc ob gręcarum
literarum imperitiam abstrusa Go-
gauini industria: ac studio in Latinum sermonem prodita sunt, ea quidem facilitate & latinitate, ut quiuis
intelligere possit: non modicum er
go ei debebit Musicorum posteritas, cū his luce donatis
Musica scientia illustrior euaserit. Legant igitur omnes,
atque ex hoc fonte uera Musicæ fundamenta exhauriant.
plurimum enim mihi credant ex hac lectione proficient,
atque adiuuabuntur. Quod si quæpiam duriora uocabula uidebuntur, in materiam sane ipsam culpa reiiciatur,
cum neque secus, neque latinè magis uerti potuerint.

Hæc enim si ita legantur, ut scientiæ ipsius ratio habea-
tur, haud dubito quin Gogauæ maxima laus tribuatur,
atque eiusdem labores alios uidendi quis desiderio non
incendatur, quales edere indies bene consulentibus stu-
debit.   Vale.

CL·PTOLEMAEI

PELVSIENSIS

Harmonicorum, siue de Musica libri tres,
nunc primum editi.

Ant. Gogauino Grauiensi Interprete.

INDEX CAPITVM QVAE IN HISCE
LIBRIS HARMONICORVM
Cl. Ptolemæi continentur.

LIBER PRIMVS.

LIBER SECVNDVS.

De ufu

LIBER TERTIVS.

G in

CL. PTOL.

CL. PTOLEMAEI

PELVSIENSIS

Harmonicorum sue de Musica liber primus,
Ant. Gogauino Grauiensi Interprete.

Qaibus in Harmonica facultate utendam sit arbitris.   Cap. primum.

ARMONICA quidem facultas in percipienda sonorum acuminis, & grauitatis differentia consistit.
Sonus autem affectio est aeris pulsati, prima & ge-
neralissima earum quæ audiuntur. Atq; arbitri sunt
harmoniæ, Auditus, & Ratio, non tamen eadem
conditione: sed auditus ad uniuersam & ipsam affe-
ctionem, ratio ad formam & causam comparatur, cum & in uniuersum sensibus quidem peculiare sit, ut propinquum inueniant, exactum accipiant, secus ac ratio, quæ propinquum accipit, inuenit
exactum. Quandoquidem enim definitur ac terminatur duntaxat
materies, forma, affectiones causis motuum ; suntq; ex his illa propria sensus, hæc rationis ; meritò consequutum est, ut sensiles diiu-
dicationes diffiniantur, terminenturq; his, quas ratio dederit, sub-
iicientes sanè primum illas uniuersalius acceptas differentias, & in
his, quæ sensibus intelligi queunt, prouectæ autem ab illis ad eas,
quæ exactæ confessæq; habentur, quod eò fit, quia rationem contigit simplicem esse, & mixturæ expertem, idcirco se ipsa perfectam
ordinatamq;, & semper ad eadem eodem modo habétem; sensum
contra cum materia ubique multipliciter mixta fluxaq;, ut ob huius
instabilitatem neque omnium, neque eorúdem semper erga ea, quæ
similiter subiiciuntur seruetur idem, sed opus habeat ueluti baculo
quodam à ratione sumpta moderatione. Quéadmodum igitur qui
solo uisu circumactus est circulus, exacti speciem habuit sæpè dum
is quem ratio fecerit, in agnitionem perducat re uera exacti: ita si
auditu solo accipiatur quædam diffinita differentia sonorum uidebitur quidem è uestigio nonnunquam nihil ei ad moderatam deesse,

aut superesse. uerùm si ei conferatur, alia iuxta propriam accepta rationem, redarguetur sæpenumerò, ut quæ non sit habeat ; auditu comparatione exactiorem agnoscente tanquam legitimam quandam præ illa spuria, cum omnino iudicare aliquid, quàm id ipsum facere facilius sit, ut luctam quàm luctari, & saltationem quàm saltare, & tibiæ sonum quàm sonare, & cantum quàm cantare. Ac huiusmodi sensuum defectus licet ad cognoscendum eadem, an inter se differant nec nè, haud sanè multum aberret à uerò, neque adeò ad contemplandum excessus differentium in maioribus partibus sumptos ; in his tamen, quæ secundum minores accipiütur partes, comparationibus plusculum colligitur erroris, & qui ipsis iam sensibus appareat, eoq; magis quò in tenuiora sit partitio. In causa & quòd, quo aberratur id semel breuissimum cum sit, in paucioribus comparationibus nondum pauxilli collectionem sensibilem facere potest ; in repetitis autem sæpe notatu iam dignam, & omnino facilè perceptibilem. Siquidem recta proposita linea, minorem ipsa maioremve accipere uisu facillimum, neque id solum indefinitè, sed ut conferre possimus bifariam dissecta una, duplave assumpta, facile enim & hoc est, & si non proinde ; hac quidem tenus, ut duæ enim fiant comparationes ; ubi uerò trientem sumere oportet, aut triplum, difficillimum, tribus iam hic constituris collationibus. At proportione semper maior est difficultas in his, quæ in plures secanda partes contemplamur, quando ipsum per se quod quæritur accipimus, ut septimam partem, aut septuplum, & non per quædam promptiora, ut cum octauam, eò quòd prius duplum sumpsit, & huius porro duplum : neque iam erit octaua accepta pars, uel octuplum unius, sed plurium inæqualium semisses & dupla. Quare cum similia, & in sonis, & in auditu, eueniant his quæ in uisu, opus est quodam ad illa rationali arbitro, per accommodata ipsorum naturæ instrumenta, ut ad rectitudinem ipsam amussi, uerbi gratia : ad circulum, & partium dimensiones circino. Eodem pacto & auditionibus (quæ administræ sunt maximè cum uisu, contemplatricis rationeq; præditæ, partis animæ) quædam opus est à ratione ad ea quæ diiudicare nequeunt, exacta in institutione, quàm suo testimonio minimè oppugnabunt, immo ita esse fatebuntur.

Quid

Quid fit propositum Harmonico. Cap. 2.

INſtrumentum igitur huiuſinodi eruditionis appellatur Canon harmonicus ideſt, Regula, qua ſoni congruunt, à communi nomenclatura, & quia dirigit ea, quæ ſenſibus deſunt, ad ueritatem aſſumpta. Eſt autem Harmonico propoſitum ubique conſeruare rationales poſitiones canonis, nuſquam nullo pacto repugnantes ſenſibus, iuxta plurium opinionem; ut Aſtrologo cóſeruare cæleſtium motuum poſitiones conſonas, obſeruatis reuolutionibus, & has quoque ſumptas quidem ab euidenter & in uniuerſum magis apparentibus, inuenire autem ratione ſingularia quatenus liceat exacte. In omnibus enim proprium eſt contemplantis & ſcientis hominis demonſtrare naturæ opera cum ratione quadam & ordinata cauſa fabrefacta eſſe nihilq; temere, aut caſu confectum ab ipſa, potiſſimum in his multo pulcherrimis ſtructuris, quales ſunt rationalium magis ſenſuum, puta uiſus & auditus. Id igitur propoſitum, alij quidem plane nihil curaſſe uidentur, ſoli manuum operæ comparato uſui nudæq; & orbatæ ratione ſenſus exercitationi intenti, alij uero contemplationi impenſius ad finem uſque inniti. Sunt autem in primis hi forè Pythagoræi & Ariſtoxenij, decepti utrique: Pythagoræi enim neque in quibus neceſſe eſt omnibus aurium collationem ſequuti accommodarunt differentiis ſonorum rationes minimè reſpondentes, ſæpenumero iis, quæ experientibus apparent: quare & calumniam conflarunt huic arbitro apud alterius ſectæ homines. Ariſtoxenij uerò plurimum tribuentes iis, quæ per ſenſus acceperant, obiter quaſi abuſi ſunt ratione contra eum huius tum apparentium fidem: huius quidem, eò quòd non ſonorum differentiis accommodant numeros, ideſt, ſimulacra rationum, ſed ipſorum interuallis: contra experientiam uerò quando etiam hos in alienis à ſenſuum ſuffragio comparant partitionibus. Quæ ſingula ex ipſis ſubinducendis fient manifeſta, ſi prius ea, quæ ad deinceps ſequentium ſeriem pertinent diffinitione quadam donentur.

Quomodo in ſonis acumen, & grauitas conſtituantur. Cap. 3.

CVm igitur ſonorum inter ipſos differentia iuxta qualitatem & quantitatem, ſicut in aliis quoque omnibus conſtituatur, eaq;

eáq; in acumine & grauitate sita est; in utro genere dictorum ponenda sit, non est pronunciatu facile, priusquam inspiciantur causæ talis effectus, quæ mihi uidentur communes esse, tum huius, tum earum diuersitatum, quæ in aliis pulsibus fiunt. Accidunt enim quæ ex ipsis affectiones oriuntur diuersæ, propter pulsantis robur & constitutiones corporeas, tam eius quod pulsatur, quàm illius per quod sit pulsatio: ad hæc propter distantiam pulsati à principio motus. Nam apertè aliis positis iisdem, singula dictorum, proprium quiddam affectioni astruunt, si ipsa quocunque tandem modo differant. Sonis differentia ab eius quod pulsatur constitutione, aut nulla plane acquiritur, aut insensilis, quod & aeris commutationes ita habeant ad sensum: à robore autem pulsantis, magnis tantum esse datur, non acutis, aut grauibus: quippe in iisdem nullam uidemus talem alterationem sonorum fieri, summissius, uerbi gratia, loquentibus, aut concitatius: aut rursus lentius inflatibus, pulsantibusq;, uel confertim magis & firmius; sed duntaxat à robustiore fieri maiorem, ab inualidiore minorem. Ab his uero per quæ fiunt pulsus, . diuersitas accipitur hoc quidem loco ratione primarum corporis constitutionum, uidelicet ob quas rarum est unumquodque uel densum, tenue uel crassum, asperum uel leue: ad hæc ratione figurarū: Enimuero passiuis magis qualitatibus, puta saporibus & coloribus, quid est commune cum pulsu? Acquiruntur autem sonis ob figurā in his quæ recipere tale quid possunt, ut linguis & oribus, figuratæ ueluti quædam leges, à quibus nomine ficto uocantur Stridores, strepitus, & uoces, & clangores, & mille alia id genus immitantibus nobis unumquéque figuratorum sonorum, eò quòd ratione & arte, quam maximè instructam habet homo principem sui partem. Ob læuem uero asperamue qualitatem fit una rursus differentia, qua æquiuocè quosdam sonos læues appellamus & asperos, quòd & hæ qualitates sint propriè: at ob raritatem uel densitatem, crassitudinem uel tenuitatem, rursus æquiuocè appellamus sonos quosdam densos uel laxos, & crassos uel tenues: fiunt etiam hinc grauitates & acumina, quia & dictarum constitutionum utraque cum sit qualitas, à quantitate substantiæ conficitur. Densius enim est, quod sub pari mole plus habet substantiæ: & crassius inter similem habentia constitutionem est, quod sub æquali longitudine maioris est substātiæ: sitq; acumen à densiore, tenuioréq;, grauitas à laxiore, & crassiore;

fiore ; nempe & in aliis acutius effe dicimus quod tenuius fit, quém
admodum obtufius quia craffus. Verberant enim magis confertim
quæ tenuiora funt, propterea quod citius permeare poffint, quæ ue
rò denfiora, quia magis : ac ideo æs ligno fonum acutiorem reddi-
tur, & neruus lino, utpote denfiora : & inter ea quæ défa æqualiaq;
erant , quod tenuius : & æquè tenforum æqualiumq; neruorum, is
qui gracilior eft. Cauç etiam harundines, atque ipfæ adeo arteriæ,
quo denfiores, tenuioresq; funt, eo acutius fonant. Horum uero fingula non ratione partis denfioris aut tenuioris, fed ob intentionem,
quòd his quidem talibus accidit, ut intentiora fint, quod autem intentius in pulfibus id efficitur uehementius, atque id confertius, id
demum acutius. Quare etiam fi aliquo pacto aliquid fit intentius ,
ut quia durius, aut omnino maius, acutiorem edit fonum : uincit au
tem in quibus ambobus ineft aliquid, quod effectu fit fimili, alterius
rationis exceffus, ut cum æs plumbo fonum edit acutiorem, quoniam duritie magis illud excedit æs, quàm hoc denfitate plumbum.
Ac rurfus, fi ita ufu ueniat, maius craffiusq; æs, minore tenuioreq;
fonum facit acutiorem, quando fecundum magnitudinem fumpta
ratio maior eft ea, quæ fecundum craffitiem. Etenim tenfio quædam
aeris continua fonus, ab eo qui uerberationem incutientibus circû-
funditur, pertingens ad exteriorem, atque ideo ob qualemcûque
tandem facultatem intentius unumquodque fuit eorum per quæ
uerberationes fiunt, tum citius, tum acutius perficitur. Per has igitur conftitutiones denfi, rarique, tenuis & craffi, intenfi & remiffi,
uidetur ea , quæ fecundum acumé & grauitatem accipitur fonorum
differentia quantitatis effe fpecies quædam : ac magis ex diftantia-
rum pulfati & pulfantis inæqualitatem : nam horum quátitate aper-
tiffimè efficitur , minores quidem diftantias fequente acumine propter acquifitam ex propinquitate uehementiam, maiores uerò grauitate propter remiffionem ex longinquitate : ut contraria affectione refpondeant diftantiæ fonis. Fit enim ut maior diftantia principij, ad minorem fic qui à minore prouenit fonus ad eum, qui à maiore : quemadmodum in póderibus , ut maior diftantia appendiculi
ad minorem, fic à minore pondus ad id quod à maiore. Hoc uerò
manifeftum facere in promptu eft ex his, qui per quandam longitudinem exprimuntur fonis, utputa per neruos & tibias arteriasque.
Acutiores enim fiunt omnino, aliis permanentibus iifdem, tum in
　　　　　　　　　　　　　　　　　　　　　　　　　　neruis,

nervis,qui fecundum minores diftantias fubducta̅riorum capiuntur
iis qui fecundum maiores : tum in tibiis qui per uiciniora hypholmio, ideft, pulfanti foramini excidunt, iis qui per remotionem: ad
hæc in arteriis, qui principium pulfationis habent fuperius & prope
id quod pulfatur, illis qui è profundo. Enimuero tibiæ cuidam naturali fimile eft arteriarum opificium, uno hoc folo difcrepa̅s, quod
per tibias pulfantis loco manente eodem locus pulfati concedit
propius ad pulfantem remotiusq̃; abfcedit ope foraminum : in arteriis contra, eius quod pulfatur loco manente pulfantes ad hunc accedit receditq̃; : principe noftri parte ob infitam Muficam mirificè
fimul ac prompte inueniente accipienteq̃; fubductorij inftar in arteria locos, à quibus ad externum aerem diftantiæ ad portionem excefluum refpondentes inter fe efficiunt differentias fonorum.

De fonis & eorum differentiis. **Cap. 4.**

QVomodo igitur acutus edatur fonus grauisq̃ue, & quòd quã
titas quædam eius eft forum, per hæc fubiecta oculis expofitaq̃; fint. Nunc primum intelligatur quod & incrementa eorum, fa
cultate quidem infinita effe contingit, actu tamen finita, quemadmodum & magnitudinum, quodque duo horum fint termini, unus
ipfis proprius fonis, auditui alius : atque hic illo maior. Nam cum
ea quæ fonos edunt, ut plurimum conftitutionibus difcrepét, & fi
figillatim quæ à grauiffimo ad acutiffimum funt interualla, nullo
quod alicuius momenti fit differant, inter extrema tamen ipfa multum fæpenumero intererit,ubi hic ad grauius ambo tendant illic ad
acutius. Porrò auditus & grauium recipit grauiffimum, & acutiorum acutiffimum quoufque tandem in inftrumentorum conftructione intelligamus augeri huiufcemodi diftantias. His igitur fic
habentibus diffiniendum eft deinceps,quòd fonorum alij funt æquitoni, alij non æquitoni. Aequitoni quidem funt, cum, quod ad co̅tentionem attinet, nihil difcrepant : non æquitoni uerò cum difcre
pant. Na̅que hic ita dictus tonus commune genus fuerit acuminis
& grauitatis ab una fpecie, puta tenfionis acceptum, ut extremum
finis & principij. Non æquitonorum uerò alij continui funt, diflincti alij : continui,qui loca tranfitionum in utramuis partem minime habent manifefta, aut quorum nulla pars æqualis eft toni ad
fenfibilem

fenfibilem diftantiam, ut fit in iridis coloribus. Tales autem funt
qui intentionibus iifdem, aut remiffionibus motis adhuc confonât :
rurfus in grauiorem quidem partem mugitus definût, in acutiorem
uero luporum ululatus. Diftincti funt qui loca tranfituum habent
manifefta, aut fi eorum æquitonæ manferint partes ad diftantiâ fenfu notabilem: ut in diuerfa appofitione purorum & neutiquam cô-
fuforum colorum. Sed illi quidem ab Harmonica alieni funt, nufquam quicquam fubiicientes unum per fe, adeo ut neque definitione, neque ratione amplecti poffis: quod eft præter naturam fcientiarum: hi uerò proprij extremis quidem æquitonorum definiti,
menfurati tamen ordinibus exceffuum. Ac, fanè φθόγγοι, ideft, uo-
cales fonitus appellemus huiufmodi: quippe φθόγγος fonus eft unû
eyndemque fubftinens tonum, quare foli quidem finguli irrationa-
les funt, nam uni cum fint, fecum nihil differunt: ac ratio eorum eft
quæ ad aliquid & in duobus primis: iuxta mutuam uerò inter fe, cû
inæqualis toni fuerint, comparationem, reddunt quandam rationê
ex quantitate exceffus: in quibus demum ἐμμελὴς & ἐκμελὴς, ideft canorum, feu aptum melo, modulationiq; & incôptum, feu ineptum
dignofcitur. Sunt autem canore omnes, quæ connexæ inuicem auribus gratæ funt uoces: inconditæ uero & ineptæ cantui, quæ non
ita fe habent. Ad hæc συμφωνία, ideft, confonas, feu, conuocales aiût
effe à uocum pulcherrima, ea nimirû, quæ linguæ fit opera mutua-
to nomine, quoquo fimilem perceptionem auribus infinuant, quæ
uero fecus habent diffonas.

De his quæ ad pofitiones confonantiarum à Pythagoræis affu-
muntur.   *Cap.* 5.

COnfonantias uerò fenfus quidem percipit, & eam quæ Diateffaron, ideft, Quarta dicitur, & eâ quæ Diapête, ideft Quinta: quarum differêtia appellatur Tonus: ad hæc eâ, quæ Diapafon,
feu Octaua, & eam quæ Diapafon & Diateffaron, & eam quæ Diapafon, & Diapente, poftremo eam quæ Bifdiapafon. Nam quæ ultra has funt ommittantur à nobis in præfenti negotio, fed Pythago
ræorum ratio folam ex his Diapafon & Diateffaron interimit, fuis
innixa pofitionibus, quas acceperunt eius fectæ principes ab his ferè conceptionibus. Facto enim principio methodi familiariffimo,
                                           H   quo

quo æquales quidem numeri conferantur cum æquitonis uocibus,
inæquales autem cum habentibus tenſionem non æqualem: hinc
inferunt, quòd quemadmodum nó æquitonorum duæ ſunt ſpeties,
erga ſe inuicem primæ, conſonantium, uidelicet & diſſonantium:
ſic & inæqualium numerorum duæ ſunt primariæ differentiæ rationum, una dictorum ſuperpartientium, ac ueluti numerus ad numerum, altera ſuperparticularium, & multipliciú : meliorǿ; hæc quàm
illa propter æqualitatem collationis, quia pars eſt ſimplex, in ratione quidem ſuperparticularium, exceſſus : in multiplicium uero,
minor numero maioris. Accommodantes igitur ob hoc ſuperparti-
culares & multiplices rationes conſonantiis, duplæ rationi Diapa -
ſon adiungunt, Diapente ſeſquialteræ, Diateſſaron ſeſquitertiæ:
nec id quidem temere moliuntur, cum inter conſonantias pulcherrima ſit Diapaſon, ut inter rationes Dupla præſtantiſſima, illa quod
æquitono ſit proxima, hæc quia ſola exceſſum æqualé facit ei, quod
expeditur, & quia Diapaſon componi contigit ex duobus ordine ſe
conſequentibus & primis conſonantiis, Diapente, ſcilicet & Diateſſaron; duplam uero ex duobus ordine ſequentibus primiſǿ; ſu-
perparticularibus puta ſeſquialtera, & ſeſquitertia, utǿ; hic maiorem ſeſquitertia conſtat eſſe ſeſquialteram rationem, ita illic quàm
Diapente Diateſſaron conſonantiam, quare & exceſſus earum, uidelicet Tonus, ponatur iuxta ſeſquioctauam rationem, quia ſeſquitertiam excedit ſexquialtera. Porrò conſequenter his & compoſitam ex Diapaſon, & Diapente magnitudinem: ad hæc ex duabus
quoǿ; Diapaſon, hoc eſt Biſdiapaſon aſſumunt inter conſonantias:
quia huius quidem ſequitur rationem conſtitui quadruplam illius
triplam; ſed compoſitam ex Diapaſon & Diateſſaron haud ita, quia
rationem efficit quam octo ad tria quæ ſuperparticularis eſt, non
multiplex.   Adducunt uerò eodem propius, demonſtrantes in húc
modum. Sit enim (inquiunt) Diapente A B, & huic deinceps, alii

```
A  _____
B  _____
C  _____
```

Diapẽte B C, ita ut A C ſit Biſdiapẽte : & quia diſſonú eſt Biſdiapẽte, nó erit multiplex ratio A ad C : quare neǿ; A ad B multiples eris
                                                                atqui

atqui confonum, ergo fuperparticulare eft Diapente . Ad eundem
modum & Diateffaron demonftrant fuperparticulare, quo d minus
eft quàm Diapente. Rurfus enim efto (inquiunt) Diapafon A B, &
huic deinceps aliud Diapafon B C, ita ut A C fit Bifdiapafon.
Quia igitur confonum eft Bifdiapafon erit A ad C, uel fuperparticulare, uel multiplex : fed non eft fuperparticulare ; neque enim
medium aliquod proportionale intercideret, ergo multiplex eft A
ad C: quare & A ad B multiplex. Cæterum ipfis promptum eft, ex
his, quod & Diapafon fanè duplum : ex illis quòd Diapente fefquialterum , ac Diateffaron, fefquitertium fit, quia fola multiplicium
dupla ratio ex duabus fuperparticularibus componitur maximis ,
quare ex aliis fuperparticularibus duæ compofitæ rationes minores conftituentur quàm dupla , quæ tamen inter multiplices exiftit
minima. Ac Tono confequenter in fefquioctaua ratione demonftra
to pronunciatur femitonium abhorrere à cantu, & modulatione ,
quando neque alia quæuis denuo fuperparticularis media proportione diuidatur , oporteat autem in rationibus fuperparticularibus
effe idoneas cantui uoces.

Quòd non rectè de caufis confonantiarum fenferint Py-
thagoræi.   Cap. 6.

HAec igitur cum fit Pythagoræorum de confonantiis pofitio :
ipfa Diapafon, & Diateffaron confonantia omnino experien
tibus euidens, accommodatam ab ipfis rationem fufpectam facit.
Nam in uniuerfum Diapafon confonantia, quia eam facientes foni
nihil facultate differunt ab uno fono, ubi applicatur aliarum alicui,
immotam eius fpeciem feruat, quemadmodum denarius numerus
(uerbi gratia) ad ipfo Inferiores affumptus : & fi quis accipiatur fonus ad eandem partem cum ipfius Diapafon extremis, ut ad grauio
rem amborum, aut contra ad acutiorem, ut fe habuerit ad propin-
quiorem ipforum, ita habere uidetur ad remotiorem quoque: quippe per eandem cum illo facultatem habet. Canuntur autem tam
Diapente, quàm Diateffaron confonantiæ per fe in ea, quæ ad uiciniorem eft ipfius Diapafon habitudine. At Diateffaron cum Diapafon, atque iterum Diapente, cum Diapafon in ea, quæ ad remotiorem, quare merito eadem fiet auditui perceptio. Diateffaron , &

Diapason quæ folius Diateffaron, ac ipfius Diapente & Diapafon perceptio eadem, quæ folius Diapente: atque hac de caufa omnino confequitur, ex eo quòd confonum eft Diapente, etiam cum Diapafon Diapente confonum effe; ex eo uero quòd Diateffaron confonum eft, etiam Diapafon & Diateffaron confonum effe: eodemque modo fe habere perceptionem Diapente & Diapafon, ad eam quæ eft Diateffaron & Diapafon, quomodo fe habebat folius Diapente, ad eam quæ folius erat Diateffaron conuenienter his, quæ ab euidenti experientia accipiuntur. Neque uero leuem illis dubitationem affert, cur folis his fuperparticularium & multipliciũ confonantias adiungunt, aliis non ita, fefquiquadruplis (inquam) aut quincuplis, cum eadem fit fpecies his quæ illis: ad hæc quod electionem faciunt confonantiarum pro libito. Quippe à primis earum rationes conftituentibus minore ablato numero, & utrobique unitate relicta pro nata ex ambobus fimilitudine, etiam cæteros nũ meros fupponentes, diffimilium rationum eas in quibus hæc minora uidentur confonantiores (aiunt) effe, ridiculè id quidé: nam ratio non tantum primis ipfam conftituentibus numeris propria eft, fed omnino omnibus fimiliter habentibus fe mutuo, adeo ut & in his perinde contingat, aliquando paucifima, aliquando complura earũdem rationum effici diffimilia. Si enim, quod maximè accommodatum uidetur naturæ tractationis, eundem numerum omnibus minoribus terminis fubiiciamus puta fenariam, ac totidem ab ipfis maioribus auferentes ad fimilitudinem refiduos comparemus, ut diffimilia continentes, in dupla certe ratione eadem prodibunt, in fefquialtera uerò tria, in fefquitertia denique duo: ac plura in confonantioribus diffimilia. Quin planè hæc uia poft Diapafon reliquis confonantius effe demonftratur Diapafon & Diapente: duobus in hac relictis diffimilibus, pluribus uerò in aliis omnibus, puta tribus, tam in Diapente, quàm in Bifdiapafon, quorum tamen utrũq; euidentiffimè confonantius conftituitur, quàm Diapafon & Diapente: ipfum quidem Diapente, & merito maxime cum Diapente fimplicior fit puriorq; & ueluti fincerior quàm Diapente & Diapafon con fonantia: fed Bifdiapafon ita fe habet ad Diapente, & Diapafon, ideft quadrupla ratio ad triplam, ut fola Diapafon ad folam Diapente, feu dupla ratio ad fefquialteram. Siquidem enim numeri alicuius accipiantur tripla & quadrupla, denuoq; fefquialtera & dupla:

pla : referent fefquitertiam rationem quadruplus numerus, erga tri
plum & duplus ad fefquialterum, adeoq; quanto confonantius eft
Diapafon quàm Diapente, tanto confonantius fiet Bifdiapafon q̃
Diapafon cum Diapente .

Quo pacto rectius diffiniantur rationes confonantiarum.　　Cap. 7.

OPortebit ergo huiufmopi peccata non ad rationis uim referri,
fed illis imputari, qui non recte eam fubiecerint : ueram autem experiri & magis propriam ut accipiamus : ubi primum diuife-
rimus in tria genera inæqualis toni diftinctasque uoces, inter quæ
præcedit uirtutis gratia genus uniuocarum, fecundum eft confo-
nätium, tertium cantui aptarum. Manifefte enim differunt Diapafon & Bifdiapafon ab aliis confonantiis, ut illæ ab idoneis cantui :
quare illas proprie uniuocas quis appellet. Diffiniantur uero nobis
uniuocæ quidem , quæ ob cõtactum ueluti unius uocis perceptionè
offerunt auditui, ut Diapafon, quæq; inde componuntur. Confonæ
uero quæ proximè uniuocas cõfiftunt, ut Diapente & Diateffaron,
quæq; ex iis & uniuocis difponuntur. Aptæ cantui quç proximè cõ-
fonantes, ut tonicæ & id genus cæteræ. Quocirca componuntur
etiam uniuocæ è confonantibus ; porrò confonantes ex cantui idoneis. His nunc prædefinitis tranfeundum ad propriam ipfis rationem , eodem cũ Pythagoræis accepto principio , puta quo æquales
numeros æquitonis uocibus tribuamus, in æquales non æquos habentibus tono, quippe id ex fe perfpicuum eft. Cum igitur principio confequens fit etiam expolitas non æquitonorum differentias
propinquitate ad æqualitates metiri, illico manifeftum eft, quòd
huic quidem æqualitati Dupla ratio proxima exiftat , quippe quæ
exceffum æqualem habet eundemque ei quòd exceditur : uniuocarum autem fimpliciffima, pulcherrimaq; eft Diapafon, quare ad hãc
quidem accómodetur Dupla ratio, ad Bifdiapafon uerò Bifdupla ,
feu Quadrupla, & fi quæ commenfurétur ad Diapafon & ab dupla.
Item poft duplas rationes propius ad æqualitatem accedēt quæ bifariam has diuidunt quam proximè, puta fefquialtera & fefquitertia : nam proxime bifariam affine eft diuifioni in duo æqualia. Poft
uniuocas autem primæ confonantium funt quæ Diapafon bifariam
proximè fecant, puta Diapente & Diateffaron : quocirca Diapente
ad

ad fefquialteram, denuo rationem, Diateffaron autem referetur ad
fefquitertiam : fecundæ funt quæ per compofitionem alterius utrius
primarum cum prima uniuocarum fiunt, ipfa quidem Diapafon &
Diapente iuxta compofitam rationem ex dupla & fefquialtera, fcilicet tripla, Diapafon autem & Diateffarô iuxta compofitam rationem ex dupla & fefquitertia , eam quæ eft inter octo & tria. Nunc
enim nihil hic nos confundit quòd fuperparticularis non fit, aut mul
tiplex, quippe qui nihil tale fuppofuimus : deinceps autem poft fu-
perparticularem rationem proxime ad æqualitatem accedent com-
ponentes eam in exceffibus commenfuratis hoc eft, minores ipfis
fuperparticularibus. Sed confonantibus uirtute fuccedunt canoræ
feu aptæ cantui, nimirum Tonus & quoquo componunt confonantiarum minimam : quare his quoque accommodantur quæ fub fefquitertia funt fuperparticulares rationes : funtq́; inter has quæ diuifiones bifariam proximè faciunt magis idoneæ cantus ob eandem
caufam, & quarum differentiæ maiores continent fimplices partes
eorum quæ excæduntur : quia fic & ad æqualitatem propius acce-
ditur : ut omnium maximè fit in femiffi, poft in triente, & deinceps
in fequentibus fingulis. Cæterum, ut uno uerbo expediam, inter numeros uniuoci funt multiplex dimenfiq́; ab illo , confoni uero duo
primi fuperparticularium quique ex illis & uniuocis componuntur; apti cantui qui fub fefquitertia fuperparticulares funt. Ergo
uniuocarũ & confonantium peculiaris cuique ratio dicta eft: fed inter canoras tonica quidem fefquioctaua declaratur illico per exceffum duarum primarum fuperparticularium confonantiumq́;: reliquarum autem rationes opportunè definientur in fuis locis. Nunc
rectè fecerimus, fi euidentiam demonftremus eorum, quæ côpara-
uimus hactenus, ut quid à fenfu de ipfis quoque confeffum fit, non
perturbato ordine inter fuppofita habeamus.

Quemadmodum ordinatè demonftrabuntur confonantiarum rationes per
unichordum canonem.   Cap. 8.

P Er tibias ergo & fiftulas propofitum afferere , uel per appenfa
chordis pondera miffum faciemus . eò quod nequeant huiufmodi oftéfiones ad exquifitum elimari, fed calumniam magis affe-
rant probatis. Nam in tibiis & fiftulis præter earum correctu cogni-
tuq́;

tuq;, sanè quàm difficilem inæqualitatem etiam extrema ad quæ
oportet longitudines comparare crassius constituuntur, atque omnino plurimis, quæ spiritus opera constant, instrumentis confusio
accedit, nonnulla etiam ob spiritus immissiones. In appensis autem
è chordis ponderibus incommodi, idest, quòd seruari nequeunt,
nihil planè differentes mutuo chordæ. nam & secum ita conuenien
tem inuenire unamquamque impossibile est : quare nec ponderum
rationes accommodare licebit redditis ab ipsis sonis quòd densio-
res tenuioresq; in iisdem tensionibus acutiores sonos edant : mul-
toq; prius, licet hæc quis ponat possibilia, longitudinem quoque
chordarum æqualem, maius pondus maiori extensione suspenden-
tis ipsum chordæ distantiam augebit, magisq; densabitur etiam hac
de re incidat quidam præter rationemponderum in sonis, excessus.
Similia accidunt etiam in elisis compulsu sonis, quales intelligunt
per inæqualis ponderis malleos uel discos & qui tribliis, seu uasis
inanibus plenisq; exprimuntur, cum operosum sit in omnibus his
seruare materiam & figuras nihil inuicem differentes. Verum in uo
cato canone extensa chorda, ostendet nobis profectò consonantiarum rationes exactius promptiusq;, non tamen fortuitam nacta
tensionem, sed primum cum quadam perpensione ad futuram ex
constructione inæqualitatem : deinde extrema quoque debitum ha
beat situm. Sed extrema earum, quæ in ipsis fient desectionum, quæ
apoplasmata uocant, quibus definitur tota longitudo propria & ma
nifesta habeant initia. Sit ergo canon iuxta A B C D rectam lineam

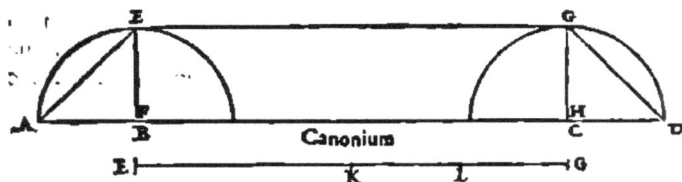

& magades ad eius terminos undequaq; æquales similesq;, sphæri-
cas, quatenus licet facientes chordis subiectas circuferentias, puta
B E circa centrum dictæ circuferentiæ F, & C G circa centrum H,
sumptisq; E & G, signis ubi bifariam secantur curuæ superficies,
situm sortiantur magades talem, ut per bipartitiones E & G,
peròq;

perĉ, F & H centra eieĉæ lineæ E B F : & G C H perpendiculares
ṻt ad A B C D. Si igitur ex A & D tendamus chordam commen'
ſuratam, ut A E G D, æquidiſlans erit ipſi A B C D, quia altitudinem æqualem naĉæ ſunt magadcs, capletĉ; ad E & G ſigna initia
defeĉionum, quæ apopſalmata dicuntur, in ipſis enim ſiehr conta-'
ĉus curuarum ſuperficierū, quia E B F & G C H perpendiculares
ſunt etiam ad ipſam E G. Accommodantes iam chordæ canonū
&'tranſumentes in illo E G longitudinem, ut promptiores nobis
ſiant dimenſiones, primum quidem in faĉam totius longitudinis bi
partitionem, ut in K conſtituemus ſubduĉoria quædam lævia admo
dum, &, per I ouem, magadia altera illis quidem altiora paulò, nihil
uerò differentia, quod ad ſitum attinet, & æqualitatem ſimilitudi-
nemĉ; & mediam curuaturæ, lineam quæ ſub ipſa erit canonij bipartitione, aut rurſus ſub ſemiſſis bipartitione: ut ſiquidem chordæ
pars E K æquitona inueniatur ipſi K G, ad hæc etiam A L ipſi L G
manifeſtum nobis ſit, ipſis quo ad conſtitutionem attinet nihil eſſe
diſcriminis : ſin minus, transferamus explottitionem in alteram par
tem, ſeu chordam aliam, donec quod conſequens eſt ſeruetur, hoc
eſt in ſimilibus & proportionalibus, & æqualibus longitudine &
unam habentibus extenſionem tonus ſimilis : deinde ubi huiuſmodi
deprehenderimus & diuiſerimus canonium in expoſitas conſonantiarum rationes, inueniemus adduĉa in unumquodque ſegmentum magade confeſſas auribus quàm exaĉiſſimè illorum ſonorum
differentias. Nam talium accepta E K diſtantia quatuor qualium
eſt K G trium, qui ab utriſque earum procedent ſoni faciunt Diateſſaron conſonantiam ob rationem ſeſquitertiam. Talium uero
ſumpta E K : trium æqualium eſt K G duarum facient utriuſque
ſoni conſonantiam Diapente propter ſeſquialteram rationem. Ac
rurſus ſiquidem ita diuidatur tota longitudo, ut E K ſiat duorum
ſegmentorum, at K G unius eorundem, erit Diapaſon conſonantia, propter duplam rationem : ſi uerò E K conficiatur ſegmentorum oĉo, & K G eorundem trium, exurget Diapaſon & Diateſſaron conſonantia, pro ratione oĉo ad tria. Quod ſi E K ſegmentorum ſiat trium qualium κ G ſit unius, erit Diapente & Diapaſon
conſonantia iuxta triplam rationem. Poſtremo ſi E κ ſtatuatur ſegmentorum quatuor qualium κ G ſit unius, erit Biſdiapaſon uniuocum ob rationem quadruplam.

                                            Quomodo

Quomodo rectè Aristoxenij interuallis, & non sonis ipsis dimetiantur consonantias.   Cap. 9.

HInc ergo Pythagoræi non de intentione earum, quæ in consonantiis insunt rationum accusandi sunt, ueræ enim sunt, sed de causa reddita earum, in quo aberrant à proposito. Aristoxenij uerò quòd neque si non credebant ipsis, rectiores quæsiuerunt, siquidem contemplandi studio incubere se Musicæ promiserant: etenim huiusmodi inauditu affectiones, succedere ex alicuiusmodi sonorū inter se habitudine necessarium ipsis est, ut fateantur, adhæc earūdem chordarum definitas, easdemq; esse inter percipiendum differentias: quomodo autem se habeant in unaquaque spetie constituentes eam duo soni inter se inuicem, neque dicunt, neque quærunt, sed ueluti ipsæ incorporeæ sint, quæque interiacent media, corpora; distantias spetierum solas comparāt, ut aliquid uideantur numero & ratione agere: est uerò planè contrarium. Primum enim non definiunt hoc modo per se unamquamque spetiem, qualis sit, ut quando interrogati quid est Tonus, dicimus quòd est differentia duorum sonorum sesquioctauam continentium rationem, sed statim relatio sit ad aliud quippiam adhuc incertum nec definitum, quemadmodum quando tonum dicunt excessum esse Diapente & Diatessaron. Atque sensus si uelit tonum adaptare non opus habet prius Diatessaron, aut alia quaspiam, sed ipse sufficit unicuique talium differentiarum per se. Iam si inquiramus magnitudinem dicti excessus, neque ipsum seorsim ab aliis pronunciant, sed tantum dixerint, uerbi gratia, talium duorum, qualium est ipsius Diatessaron quinque, atque hunc rursus quinque, qualium ipsius Diapason est duodecim: ac in reliquis similiter, dum eò redigātur, ut dicant qualium ipsius toni duo. Dein neque sic excessus definiunt, quod non cum his quorum sunt eos comparent: infiniti enim colliguntur in unamquáque rationem, his qui eos efficiant non prædefinitis; ut hanc ob rem neque facientes Diapason, exempli causa, distantiæ, in constructione instrumentorum seruentur eædem, quin semper in acutioribus extensionibus construantur breuiores. Siquidem cōparatis inuicem æqualibus consonantiis, secundum extremorum altera, non semper æqualis erit excessus distantia, sed si acutiores sonos eorum inter se adaptemus, minor, si grauiores maior. Suppo-

.   I   sita

sita enim A B diſtantia Diapaſon, intellectus A ad acutius extremum, ſumptisq́; duabus ipſius Diapente, una quidem ab A in grauius, ut A C, altera ueró à B in acutũ, ut B D. maior ſanè erit A C

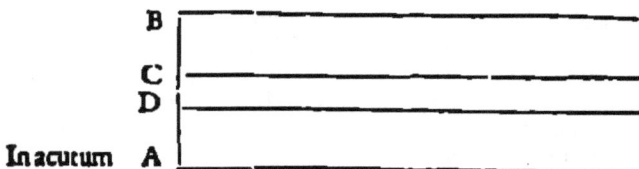

B ―――――――――――――――
C ―――――――――――――――
D ―――――――――――――――

In acutum   A ―――――――――――――――

diſtantia, quàm B D, propterea quòd ad acutiores cadat extenſio-
nes. Maior autem B C exceſſus quàm A D. Atque omnino abſur-
diſſimum uideatur, exceſſus ratione quadam circũſcribere uelle,
non oſtenſa per ipſas eos facientes magnitudines, at magnitudines
nulla, à quibus etiam illorum illico habere liceat. Quod ſi non ex-
ceſſuum, qui in ſonis ſint dixerint eſſe comparationes, quorum tandem ſint aliorum dicere, haudquaquam poſſent: neque enim diſtan
tia quædam inanis, aut longitudo ſola eſt conſonantia, aut ad melos
aptitudo, neque corporea quidem, ſed quæ de una prædicetur magnitudine, ſed de duabus primis, iisq́; inæqualibus uidelicet facien-
tibus eam ſonis : quare quæ pro quantitate fiunt comparationes
fieri nequit, ut alterius ullius dicantur, niſi ſonorum & horum exceſ-
ſuum, quorum neutrum illi cognitum reddunt, cum natura ſimul
definiatur, ſimul communem rationem ſortita ſint, ad quã nimirum
una eademque manente oſtenditur, quo pacto ſe habeant ſoni, tum
erga ſe mutuo, tum erga exceſſum.

Quod non rectè Diateſſaron conſonantiam duorum & ſemis conſti-
tuunt ſonorum.   Cap. 10.

VErumenimuero peccant & in minima primáq́; conſonantia di
metiendo, componětes eam ex duobus tonis, & ſemiſſe, quorum Diapente colligitur trium & ſemiſſis, Diapaſon ſex, atq́; aliæ
conſequenter huic ſingulæ. Ratio enim ; cui maior iam adhibenda
eſt fides, quàm ſenſus, in his adeo quàm breuiſſimis differentiis, re-
darguit id ſecus habere, ut erit manifeſtum. Ipſi igitur propoſitum
tentant

tentant demonstrare in hunc modum. Sint enim duo soni Diatessaron consonantes A B, & ab A ditonus sumatur in acutum A C, similiter à B ad graue Ditonus capiatur C D, ambo igitur A C:

Graue   F
          A
          D
          C
          B
Acutum   E

& B D interualla æqualia sunt, & tanta quanto abest Ditonus à Diatessaron in acutum D E, à C uerò similiter Diatessaron in graue C F: quoniam igitur utrunque similiter B A, & C F diatessaron existit, æquale est B C ipsi A F, & per eadem A D ipsi B E. Aequalia igitur inuicem sunt quatuor interualla. Sed totum F E aiunt Diapente facere consonantiam: quare cum A B sit Diatessaron, sitq́; E F Diapente, excessus autem ipsarum F A & B E, simul ambo quidem hæc interualla relinquentur toni, utrunque autem ipsorum A D & B C semitonij. Ac quia Ditonus est A C, etiam A B Diatessaron duobus sonis constabit & semisse. Sed ratio semel demonstrato tono sesquioctauo, & Diatessaron sesquitertia, manifestam illico facit differentiam, qua Ditonum excedit Diatessaron (quod λεῖμμα, hoc est, residuum uocant) minorem esse Semitonio. Siquidé accepto numero primo eorum, qui propositum demõstrare queat, qui est unitatum 1536 sesquioctauus quidem huic fit qui 1728, huic autem amplius sesquioctauus qui 1944, qui uidelicet ad 1536 rationem habebit ditoni: est autem & sesquitertius ad 1536 numerus 2048, quare residuum in ratione est ea, quam 2048 habent ad 1944. Atqui si ad 1944 etiam sesquioctauam sumpserimus, habebimus numerum 2187, estq́; maior ratio 2187 ad 2048 quàm sit 2048 ad 1944. quippe 2187 excedunt 2048 maiore, quàm decimaquinta ipsorum parte, minore uerò quàm decima & quarta. Sed 2048 excedunt 1944 maiore quidem quàm decimanona ipsorum parte, minore uero quàm decimaoctaua. Minus igitur tertij toni segmentum intra Diatessaron relictum est cum Ditono, ut iam residui magnitudo minor Semitonio colligatur, ac totum Diatessaron minus duobus tonis & femiffe, eftq́; 2048 ad 1944 ratione, quæ eadem eft inter 256 & 243. Huiufmodi uero diffidiū, non rationis, neque fenfus exiftimandum eft, fed diuerforum fuppofitorum peccatum, quod recentiores temere, ac præter ambos arbitros affenfu ufi fint. Nam fenfus tantum non clamitat agnofcens apertè & neutiquam confufe tum Diapente confonantiā, quando in expofita monochordi indicatione iuxta fefquialteram rationem accepta fuerit, tum Diateffaron, quādo iuxta fefquiterriam. At hi nó infiftunt eius confeffionibus, quas omnino ubique fequitur exceffum dictarum confequentiarum, cūm toni fit unius in fefquioctaua effici ratione, & Diateffaron confonantiam minorem conftitui duobus tonis & femiffe: fed in quibus adiudicandum fuapte ui fufficit, fidem ei planè habent nullam: dico autem in maioribus differentiis: uerùm in quibus per fe non fufficit, puta in minoribus exceffibus credunt, ac potius ei iudicia adiungunt contraria primis & principalioribus. Videre etiam eorum poterimus in demonftrando ftultitiam: ratiocinantes magnitudinem comparationis refidui ad Semitonium. Quandoquidem enim in æquales quidem duæ rationes, neque fefquioctaua, neque alia quæuis diuiditur fuperparticularium: æquales autem proximè fefquioctauam faciunt rationes, fefquidecima fexta & fefquidecimafeptima, fuerit fanè media inter has ratione Semitoniū. ideft maiore quàm fefquidecimafeptima, minore quàm decimafexta. Sunt autem & xv ipforum 243 pars maior quàm decimafeptima, minor quàm fextadecima. Quare compofitis ipfis 243 & xv conficitur Semitonium in ratione proximè 258 ad 243. Atque à refiduo, ergo Semitonium differt ipforum 258 ratione ad 256, quæ eft fefquicentefima uicefimaoctaua. Porrò exilem adeo diuerfitatem poffe auditu dignofcere, ne ipfi quidem dixerint puto. Si igitur contingit adeo fenfum in fimplici obaudire, multo fanè magis contingat in plurium acceptionum collectione, quòd illis in propofita euenit demonftratione, ter quidem accepto Diateffaró, bis autem Ditono ad fitus diuerfos, quando neque femel facere Ditonum exactè facile eft in iifdem: potius enim tonum feciffent, quàm Ditonum, quippe tonus, tū melo aptus, tum in fefquioctaua ratione exiftit. Incompofitum uero Ditonum à melo alienum, ut quod in ratione fit 25 ad 64: fenfibus autē faciliora perceptu funt, qu commenfuratiora.

Quomodo

Quomodo & per sensum ostensum sit Diapason minus sex tonis, octa-
chordi canonis opera. Cap. 11.

SEd euidentius profestò redarguatur propositum, cum auditus
ad huiuscemodi impossisiilitate, à Diapason consonantia. Pronunciant enim ipsam Sextonorum consequenter ei,quod Diatessaron consonantiam fecere duorum & semissis, quoniam Diapason
bis continet Diatessaron & amplius tonum. si uerò iniūgamus opti
mo Musico ut faciat tonos ordine se sequentes, & per se sex, non
simul acceptis, tamen prius coaptatis sonis ; ne ad aliam quampiam
deferatur consonantiarum, prima uox ad septimam nō reddet Diapason. Quod si non ob imbecillitatem sensus tale quid accidat, mē-
dacium certè uideatur Diapason consonantiam sex esse tonorum :
si quia hic non potest rem exactè Tonus percipere, multò magis erit
infidus in acceptione Ditonorum, è quibus inuenire se putant Dia
tessaron duorum esse tonorum & semissis. Hoc autem uerius est ;
non enim solum Diapason non fit, sed neque aliud quoduis per ma
gnitudinem omnino differentiæ, neque in omnibus simul consonā-
tibus, neque in eisdem perpetuò ; nam quod nobis sumentibus ordine ad eundem modum, & iuxta successionem, Diatessaron una
cum Diapente, reddent extremi soni Diapason, fit quia hæc auribus sunt acceptiora inuentuq; faciliora. Sed si ratione capiamus sex
deinceps tonos, maiorem paulo quàm Diapason facient extremæ
uoces magnitudinem. Semperq; eodem excessu, uidelicet duplo
eius, quod residuum est, excedit Semitonium : qui proximè colligitur in sesquisexagesimaquarta ratione, primis conuenienter suppo-
sitionibus. Erit uerò nobis & hoc deprehensu facile cōnectentibus
septem chordas in canone, uni, iuxta similem explorationem & situm. Si enim æquitonas adaptemus octo uoces in chordarū æqualibus longitudinibus exquisitè, ut A B C D E F G H, deinde per canonij adductionem in sex ordine sesquioctauas rationes diuisi cir-
cūferamus ad unamquāque uocem simile subductorium in propriā
sectionem, qua sesquioctaua sit A K distatia ipsius B C : & hæc C M,
& hæc D N, hæc uero E O, & hæc F P, demum hæc G Q : faciat
autem A K, & H R duplam rationem : hæ quidem uniuocæ erunt
exactè secundum Diapason, at Q G quàm R H, paulo & eodem
semper

femper erit acutior. Quod autem nihil differant chordæ, etſi plures fuerint, ab una, ſi in æqualibus longitudinibus factæ ſint æquitonæ,

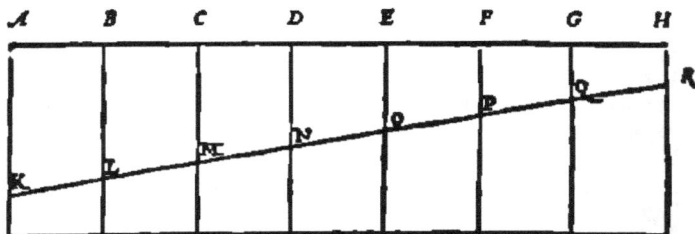

A   B   C   D   E   F   G   H

hinc erit manifeſtum. Quandoquidem enim tres ſunt in his cauſæ eius, quæ in acumine & grauitate ſita eſt differentiæ, quarum una in denſitate chordarum, altera in ambitu & profunditatis chordæ mo le, tertia in diſtantia habetur, atque acutior ſit ſonus à denſiore, & tenuiore, & quæ minoris ſit diſtantiæ, aſſumitur autem in ipſo lo co denſitatis extenſio, robur enim duritiemꝗ; addit, & propter hoc magis iis, qui in minimis ſunt diſtātiis ſimilis ; manifeſtum eſt quod aliis ſuppoſitis iiſdem, ut maior ſe habet extenſio ad minorem, ita qui ex maiore ſonus ad eum qui ex minore, ut uerò maior ambitus ad minorem, ita qui in minore ſonus ad eum qui in maiore: dico iā his ita habentibus quòd diſſimilium chordarum, quando in diſtan tiis æqualibus æquitonæ factæ ſunt, compenſatur id quòd ob maio rem ambitum detrahebatur ſono ab exceſſu, ꝗui ob maiorem ſit ten ſionem, ſitꝗ; omnino maioris ambitus ad minorem, ratio eadem quæ maioris tenſionis ad minorem. Sint enim longitudine æqua les chordæ, quæ æquitonas reddant uoces A & B, maiorꝗ; ambitus ſit A quàm B, manifeſtum eſt tenſionem minorem eſſe B quàm A.

A
B
C

Sumatur & alia uox in longitudine æquali C, quæ ambitum æqua lem habeat B, extenſionem æqualem A : quia igitur C & B ſola ten
ſione

fione differunt, erit ut C tenfio ad B tenfionem, ita C fonus ad B fonum : item quia C ab A folo ambitu differt, erit ficut A ambitus ad
C ambitum, ita C fonus ad A fonum : fed eandem habet rationem
C, fonus ad utrunque A & B fonum : æquales enim funt A & B foni : ut igitur C tenfio ad tenfiorem B, fic ambitus A ad C ambitum,
éftǫ; ut C tenfio ad tenfionem B, fic A tenfio ad tenfionem B, quippe æquales funt A & C tenfiones : ut A   C
autem A ambitus ad ambitum C, ita A ambitus ad
ambitum B, æquales enim funt A & C ambitus, quare ut A tenfio ad B tenfionem, ita & A ambitus ad B
ambitum. Id uero illis accideret etiam fi omnino ef-
fent diuerfitatis expertes, & nihil differentes ab una.
Sed contra, fi in ita habentibus, ut A B & C D, diftantias faciamus inæquales, minuentes alteram. puta uf-   E
que ad C E, erit ficut A B diftantia ad C E diftátiam,
ita & C E fonus ad C D : æqualis uerò eft A B diftantia C D, & A B fonus fit æqualis C D : quare etiam
ut A B diftantia ad C E, diftantiam ita C E fonus
ad A B fonum. B   D

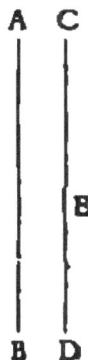

De diuifione generum iuxta Ariftoxenum & tetrachordorum
in fingulis. Cap. 12.

DE maioribus igitur fonorum differentiis hæc adeo nobis definita fint, tranfeundum nunc ad minores, primamǫ; dime-
tientes confonantias, quæ fumuntur diuifo Diateffaron in tres rationes iuxta conuenientem antea definitis modum, ut primum quidem uniuocum, quod unum eft, ex duabus primis confonantiis có-
pofitum fit, primum autem confonum ex tribus modulationi idoneis, feu canoris ufque ad numerum, qui proportionem terminet.
Diuifionem igitur Diateffaron haud eandem effe fane ubique contigit, fed alibi aliter fe habere, extremis quidem duobus tonis manentibus, ut feruent propofitam confonantiam, qua de caufa ftantes
ipfos appellant, motis uerò duobus mediis, ut inæquales reddant fo
norum, qui intercipiuntur exceffu. Vocatur igitur huiufmodi motio,
mutatio fecundum genus : genus autem in harmonia, feu modulatione habitudo inter fe inuicem fonituú, qui Diateffaron confonantiam

tiam compofuerint. Porrò generis prima quidem eft differentia , ut
diuifi in duo, pro mollitie & contentione : eftq́; mollius quod mino
ribus quàm pro more interuallis conftat , contentius uerò quod ma
ioribus : fecunda ut in tria, tertio modo quodammodo apofito , atque id Chromaticum uocatur, reliquorum id quod illo mollius eft
Enharmonium, quod contentis Diatonicum. Proprium eft autem
Enharmonico, & Chromatico id quod fpiſſum uocant,quando uer
gentes ad grauiffimum duæ rationes reliqua una minores funt ambæ ; ut Diatonico , id quod non fpiſſum uocant, cum nulla ex tribus rationibus maior conftituitur reliquis fimul duabus . Cæterum
& in his recentiores faciunt plures differentias , fed nunc Ariftoxe-
nicas referemus defcriptiones, quæ fic habent . Tonum fecat, nunc
in duo æqualia, nunc in tria, quandoq; in quatuor, eft ubi in octo ,
& quartam eius partè uocat Diefin enharmonij , tertiã diefin Chro
matis mollis , quartam cum octaua diefin Chromatis fefquialteri :
ipfum uero Semitonium commune tonici Chromatis & Diatonicorum generum: ex quibus conftituit differentias fimplicium gene
rum fex. unã Enharmonij , tres Chromatici, mollis, fefquialteri &
tonici; reliquas duas Diatonici tam mollis, quàm contenti. Gene
ris igitur Enharmonij, quod grauiffimo imminet interuallũ, ac medium utrunq; facit Diefis enarmonicè . Reliquum ac præcedens ,
duorum tonorum : ut pofito pro tono numero unitatum 24 , fpiſſi
quidem interuallorum utrunque facit fex earũdem, reliquum uero
48 : mollis autem Chromatis utrunque ipfius quidem fpiſſi interuallorum facit trientem Toni, reliquum Toni unius & dimidij &

	Enhar-moniũ	Chromaticum			Diatonum	
		Molle	Sefqal-terum	Tonicũ	Molle	Cõtentũ
fecdēs íacutũ	48	44	42	36	30	24
Medium	6	8	9	12	18	24
Sequens	6	8	9	12	12	12

trientis ; ut illorum quidem utrunque octo, hoc uero 44. Porro fefquialteri chromatis fpiſſi duo utraque interualla facit quadrantis
&

& octauæ partis soni, reliquum unius & semissis & quadrantis, ut illorum quidem utrunque nouem ; hoc uero 42. Sed tonici Chromatis spissi utraque duo interualla Semitonij facit, reliquum unius
Toni & dimidij, ut illa duodecim hoc 36. In reliquis iam & non
spissis generibus duobus sequens in amborum interuallis seruat itidem Semitonij, deinceps in molli Diatonico mediū semissis & quadrantis Toni, præcedens unius & quadrantis. ut 12, & 18, & 30.
Sed in contento Diatonico sequens Semitonij, cætera pura mediū
& præcedens utraque tonica, ut 12, & 24, & 24, ut subiecti habent numeri.

De generum & tetrachordorum diuisione secundum Archytam.　.*Cap.* 13.

HIc igitur in præsenti quoque negotio uidetur rationem uili-
pendere, sed mediis tantum interuallis sonorum definire genera, non autem eorum erga se excessibus : causas quidem differentiarum quasi non causas nihilq; & terminos solum relinquens, in-
corporeis uerò & inanibus comparationes applicans. Quare nihil
illi curæ est bifariam modulationes ubi uis ferè diuidenti, cum rationes superparticulares tale quid minimè recipiant. Archytas uero tarentinus, Pythagoreorum studiosissimus musicæ, conatur her-
culè rationem sectari constanter non modo in consonantiis, sed etiā
in tetrachordorum partitionibus, ac si propria canoris sit commen-
suratio excessuum. Hoc itaque usus proposito, in quibusdam planè
etiam ab ipso uidetur aberrare, in plurimis uero tale quid consequi,
sed dissonare ab iis, quæ apertè iam confessa sunt sensibus : ut statim
uidebitur ex tetrachordi iuxta ipsum diuisione. Tria igitur hic constituit genera ; Enharmonicum, Chromaticum & Diatonicum ; sin-
gulorum uero facit partitionem, hoc pacto. Sequentem enim rationem in tribus generibus eandem statuit ad sesquiuigesimamseptimam, mediā uerò in enharmonio quidem sesquitrigesimāquintam,
in Diatonico sesquiseptimam : ut & præcedētem Enharmonij generis colligas sesquiquartam, Diatonici sesquioctauam. Sed in Chromatico genere secundum ab acutissimo sonum accipit per illum, qui
in Diatonico eandem obtinet situm : ait enim rationem habere in
Chromatico, secundum ab acutissimo ad similem sui in Diatonico,
quā habent 256 ad 243. Constant ergo huiusmodi tria tetrachorda

K　　　iuxta

iuxta expoſitas in primis hiſce numeris. Siquidé enim acutiſſimos
tetrachordorum ſubiiciamus 1512, grauiſſimos autem iuxta ſeſqui
tertiam rationem coründem 2016 : hæc ſane facient ſeſquiuigeſimã
ſeptimam ad 1944, ac totidem erunt : rurſus in tribus generibus ſecundi à grauiſſimis . Porrò eorum qui ab acutiſſimis ſunt ſecundi ,
in Enharmonio quidé genere ſunt 1809, quippe hæc ad 1944 reddunt ſeſquitrigeſimamquintam rationé, & ſeſquioɕauam ad 1512.
In Diatonico autem genere coründem erunt 1701 : nam & hæc ad
1944 rationem edunt ſeſquiſeptimam, ut ad 1512 ſeſquioɕauam :
In Chromatico idem quoque coründem erunt 1792 : hæc enim rationem habét ad 1701, quam 216 ad 243. Subſcripta autem eſt &
horum numerorum expoſitio quæ ſic habet.

	Enharmoniũ	Chromaticũ	Dionicum
In acutũ præcedés	1512	1512	1512
	1809	1792	1701
	1944	1944	1944
In grauius ſequés	2016	2016	2016

Demonſtratur nullam harum partitionum ſeruare ipſam re uera
canori naturam,   *Cap. 14.*

Ræter ergo propoſitum , ut diximus , ab illo conſtitutum eſt
Chromaticam tetrachordum : nam 1792 numerus neque ad
1512 rationem edit ſuperparticularem, neque ad 1944 : præter eui
dentiam uero, quæ ſumitur à ſenſu, Chromaticum, & Enharmoniũ :
quippe & ſequentem rationem uſitati chromatici maiorem depre-
hendimus ſeſquiuigeſimaſeptima : & in Enharmonio rurſus ſequé-
tem, quàm in aliis generibus ſint ſimiles, minorem multo apparen-
tem, iiſdem conſtituit æqualem. Ad hæc minorem ipſo mediorum
ſonum, in ſeſquitrigeſimaquinta : ratione ponit, cum à melo alienũ
inconditum apertè ſit huiuſmodi undequaque, quod quæ ad grauiſſimum eſt magnitudo quàm media ſtatuatur maior . Hæc igitur uidentur rationali arbitrio calumniam conſtare : quia ſecundum expo
ſitas rationes ad eius authoribus ſaɕta canonis ſeɕtione non ſcrua-
bitur

bitur canoni natura: fiquidem plurimæ præpofitarum rationum, & earum quæ ab aliis ferè omnibus confutatæ funt, non quadrant ad confeffos cantilenarum mores. Videtur uerò etiam multitudo generum iuxta Archytam infra mediocritatem effe, non folum eius enharmonicum, fed & Chromaticum, & Diatonicum utrûque fimpliciter pofitum: fecundum Ariftoxenum contra excædere in Chromatico, cum Diefes mollis & fefquialteri uigefimaquarta parte Toni differant, ut nullum notatu dignum fenfibus difcrimen afferāt: deficere autem in Diatonico pluribus apparentibus cantu ufitatis, ut ex his, quæ ftatim iudicabuntur, licebit uidere. Nec fanè rectè & hic in fpiffis æquales inuicem facit fequentes duas magnitudines, media ubique deprehenfa maiore: neque rurfus æqualia ad grauiffimum collocata fonum interualla, cum Diatonû & Toniæum chromaticum conftituantur excedere Chromaticum.

De rationi & fenfui confentanea tetrachordorum per genera diuifione. Cap. 15.

ΑGe igitur, quandoquidem neque his couenienter fenfui diffecta funt tria genera tetrachordorum, experiamur ipfi, & hic conferuare confentaneum canori fuppofitionibus & apparentibus modum, fecuti prima & naturalia diuifionum initia. Affumamus uerò ad fitum & ordinem quantitatum ab antiquitus quidem recepta fuppofitione, & ratione, quod commune fit omnium generum, etiam in tetrachordis proximos quofque fonos femper erga fe inuicem fuperparticulares facere rationes, eas quæ totam in duas, uel tres quafi æquales diuidant, quibus terminabantur & primarum côfonantiarum exceffus, ad ternariû illic quoq; progredientes, quod fit omnibus interuallis conficiendis aptus. Quippe à Diapafon uniuoco, & dupla ratione, per quam exceffus extremorû æqualis conftitutus erat ei, quod excedebatur uerfus ablationem ab æquali, ratio fumebatur fefquialtera Diapente confonantiæ, per quam exceffus extremorum dimidiam continet partem eius, quod exceditur: uerfus autem incrementum ab æqualitate tripla ratio fumebatur Diapafon & Diapente confonantiæ, per quam exceffus extremorum, bina ualet ea, quæ exceduntur, è contrario dimidiæ partis: & quadrupla Bifdiapafon uniuoci, per quam exceffus extremorû terna

K 2 ualet

valet ea, quæ excæduntur, è contrario & hic tertiæ partis . A sensu
uerò confessis commune similiter omnium generum accipimus ;
quòd trium magnitudinum sequentes minores statuuntur reliquarum utraque : peculiare autem his, quæ spissum habent, quod ad grã
uissimum sitæ ambæ minores sunt ea, quæ ad acutissimum, his uerò,
quæ non spissum, quod nulla magnitudo maior statuatur reliquis
ambabus. His ergo suppositis, diuidemus primum sesquitertiam ra
tionem Diatessaron consonantiæ, quoties licebit, in simpliciores ra
tiones duas, quod ter dûtaxat fiet. Idq; rursus assumptis tribus, quæ
sub ipsa se proximè sequantur superparticularibus, sesquiquarta;
sesquiquinta, & sexquisexta. Complet enim sesquitertiam additã
sesquiquartæ sesquiquintadecima : at sesquiquintæ sesquinona, &
sesquisextæ sesquiseptima. Post has duabus solis aliis superparticularibus haud inuenimus compositam sesquitertiam rationem . In
his igitur, quibus spissum inest generibus ; quandoquidem maiores
habent præcedentes rationes reliquis ambabus, maiores quidem
rationes expositarum sociarum, uidelicet sesquiquartam, & sesqui-
quintam, & sesquisextam accommodarunt præcedentibus ipsorum
rationibus, cæteras uero & minores, puta sesquidecimamquintam,
& sesquinonam, ac sesquiseptimam ambabus reliquis. Fit autem &
harum uniuscuiusque diuisio pro sequentibus duabus rationibus
accipiendo singularum in tria sectiones , propterea quòd iam tres
rationes tetrachordi hinc perficiuntur, excessibus quidem seruatis
æqualibus, rationibus autem quasi æqualibus , quando ut æquales
sint fieri nó potest : etenim si primos numeros facientes sesquiquin-
tamdecimam, dico autem 15 & 16, triplicauerimus habebimus 45
& 48 , mediosque inter eos æqualibus excessibus 46 & 47, inter
quos, quia 47 non reddunt ad ambos extremos superparticularem
rationem; solus autem numerus 46 ad 48 sesquiuigesimamtertiam:
ad 45 sesquiquadragesimamquintam : maior quidem ac sesquiui-
gesimustertius propter initio dictas positiones adiungatur sesqui-
quarto, reliquus & sesquiquadragesimusquintus : sequentem exple
bit locum. Rursus primos numeros sesquinonam reddentes, puta 9
& 10 triplicantes, habebimus 27 & 30, mediosq; horum in differê-
tiis æqualibus 28 & 29 : sed 29 sanè numerus erga ambos terminos
non erunt rationem superparticularem, atqui 28 ad 30 sesquideci-
mamquartam, ad 27 sesquiuigesimamseptimam , quare etiam hic
adiun-

adiungenda fefquiquintæ erit fefquiquartadecima, fequenti loco
relinquenda fefquiuigefimafeptima, non fecus facientes & fefquifeptimam rationem primos numeros 7 & 8, triplicantes habebimus 21 & 24, mediosq; eorum in differentiis æqualibus 22 & 2 ,
cumque 23, non referant inter extremos ambos numeros fuperpar-
ticularem : fed 22 tantum, ad 24 fefquindecimam, ad 21 fefquiui-
cefimamprimam, connectitur & fefquifextæ hic profecto fefquiundecima, & fefquiuicefimafeptima fequentem tenebit locum. Iam
quia molliffimum eft omnium generum quod Enharmonium uo-
cát, ac uia ueluti quædam ad contentius ab ipfo augefcendo per pri
mum mollius Chroma, deinde per contentius ad ea, quæ deinceps
funt non fpiffa & Diatonica; molliora autem uidetur in uniuerfum
quæ maiorem habent præcedentem rationem, & contentiora, quæ
minorem, compofitum fane tetrachordum ex fefquiquarta, & fef-
quiuigefimatertia, & fefquiquadragefimaquinta applicabimus Enharmonio generi. Compofitum uerò ex fefquiquinta, & fequi-
decimaquarta,& fefquiuigefimafeptima molliori Chromaticorum:
at compofitum è fefquifexta, & fefquidecima, & fefquiuicefimapri
ma contentiori Chromaticorum. Continent uerò numeri primi, &
hæc tria tetrachorda, communes quidem extremorum, præcedentium 6260, & fequentium 1680 : proprij uero fecundorum à præcedentibus in Enharmonio 2825, in chromate molli 7512 in chro
mate Diatono 3970, tertiorû in Enharmonio 8600, in chromate
molli 6620, in chromate Diatono 5240, ut habêt defcriptiones.

	Enharmonium	Chroma molle	Chroma diat.
Præcedês Acutû	6260	6260	6260
	2825	7512	3970
	8600	6620	5240
Sequens Graue	1680	1680	1680

Verûin non ipfis generibus cum prædefinitis confentaneum fit
minores uafiones earum, quæ ex prima bipartitione fuperparticularis euenêût, contra præcedentibus apponere locis, maiores autem ipfarum focias diuidere eodem modo in duo fequentia loca,
inepta profecto reperitur fefquidecimaquinta ratio, quę præcedentem

tem obtineat locum. Si enim reliquam facientes numeros, puta ſeſquiquartam, uidelicet 4 & 5, ter ſumpſerimus iterum, ut reddant
1 2 & 1 5, mediiǫ; cadant æquali diſcrimine 1 3 & 1 4, non faciẽt 1 3
ad ambas rationem ſuperparticularem, ſed 1 4 ad 1 2 ſeſquiſextam,
ad 1 5 ſeſquidecimamquartam, quarum nullam licebit collocare ad
ſequentem locum, quippe quæ maior fiet ea, quæ ad præcedentem,
ideſt, quàm ſeſquidecimaquinta, contra tum euidentiam ipſam, tum
rationem ab initio poſitam. Collocata autem ſeſquiſeptima ad præ
cedentem locum, qui reliquam & ſeſquiſextam continent numeri 6
& 7, triplicati ſimiliter facient 1 8 & 2 1, mediis æquali interuallo
cadentibus, 1 9 & 2 0, ergo quia 1 9 rurſus non edunt, ad ambo extrema ſuperparticularem rationem, ſed 2 0 ad 1 8 ſeſquinonã, ad 2 1
ſeſquiuiceſimam ; harum itidem maior & ſeſquinona adiungetur
ſeſquiſeptimæ, & minor, & ſeſquiuiceſima ſequentem tenebit locũ.
Per hæc etiam ſeſquinona ordinata ad præcedentem locum, ſi reliquam & ſeſquiquintam continétes numeros 5 & 6 triplicauerimus
fient 1 5 & 1 8 : ac mediis æquali interſtitio cadentibus 1 6 & 1 7, nu
merus quidem 1 6 ad ambos currentibus non reddit rationem ſuperparticularem : porrò 1 6 ad 1 8 ſeſquioctauam, ad 1 5 ſeſquidecimã-
quintam ; quare maior & ſeſquioctaua adiungetur ſeſquinonæ, reliqua & ſeſquidecimaquinta ſequenti loco. Sed ante has omnes ra
tiones ſeſquioctaua inuenta fuit per ſe continere Tonum, ex differẽ-
tia primarum duarum conſonãtiarum, quæ cum recta ratione & neceſſario debeat & præcedentem obtinere locum inter ipſi proximè
coniunctas, quia nulla ſupparticularium expleat, cum ipſa ſeſquiter
tiam : ipſa ſanè ſeſquinona præceſſit iam ante coniuncta illi ſecundũ
expoſitam diuiſionem, & ſeſquiſeptima non etiam. Quare hanc medio loco connectemus illi, reliquam ad ſeſquitertiam, hoc eſt ſeſ-
quiuigeſimamſeptimam collocabimus in ſequenti loco. Atque hic
rurſus conuenienter magnitudini præcedentium rationum conſtitu
tum quidem tetrachordum ex ſeſquiſeptima, & ſeſquinona, & ſeſquiuiceſima accommodabimus molli Diatonico, compoſitum uerò
ex ſeſquinona, & ſeſquioctaua, & ſeſquiquintadecima contento
Diatonico, poſtremo cõpoſitum ex ſeſquioctaua, & ſeſquiſeptima,
& ſeſquiuigeſimaſeptima, medio quodammodo mollis & contẽti,
uocato autem recte Toniæo ſiue Tonico, propterea quòd tantus ſit
præcedens eius locus. Continent uerò & hæc tria tetrachorda primi

mi numeri communes extremorum 504 & 672, proprij fecūdorum
à præcedētibus 576, & 567, & 560, tertiorum 608, & 648 & 630,
ut habent descriptiones.

	Molle diato-nicum	Mediū mollis & contenti diatonicum	Contentum diatonicum
Præcedens	504	504	504
	576	567	560
	608	648	630
Sequens	672		672

Quod autem non rationi tantum consentaneæ sint præpositæ generum diuisiones, sed etiam sensibus congruant, licebit rursus intelligere ab octochordo Diapason cōtinente canone exquisitè exa-
minatis sonis, ut diximus, tum per æqualitates, tum per intēsiones
æquales chordarum, nam consequenter factis appositarum regula-
rum admotionibus, pro unoquoque genere rationibus, compara-
tis constitutisq́; quæ subducuntur magadiis, ita erit Diapason consonum, ut ne minimum quidem amplius etiam summos musicos
perturbet, sed mirari subeat in consoni compositione naturam, ratione quidem secundum ipsam fingente, ueluti & efformante ipsas
meli custodes differentias, auditu uero obediente, quam qui maximè; rationi, quippe à qua profectò ordine ita ipse afficitur, pro-
priumq́; & naturæ suæ accommodatum in singulis, quæ efferuntur,
sonis agnoscit. Qui uerò huiusmodi partis condemnandæ autores
fuere, neque per se recta ratione confectas diuisiones aggredi potuere, neque à sensibus declaratas inuenire uoluerunt.

Quot sint usitatione auditui genera, & qua.   *Cap.* 16.

VErunenimuero, iam expositorum generum, Diatonica omnia inuenerimus usitata auribus esse, non ita, neque Enharmonium, neque Chromaticum molle, quod non magnopere dele-
ctentur ualde exolutis modis. sufficit uerò illis in transitu ad molle
usque ad tonicum Chroma peruenire, quippe spissum illud quo, definitur

finitur quodammodo mollis natura à natura contenti ad hoc termi-
nietur genus, incipiens quidem hinc uiam, quæ ad mollius ducit, fi-
niens uerò hic rurſus eam, quæ ad contentius. Ad hæc ſecundùm
uniuerſi tetrachordi in duas rationes ſectionem, æqualitati proximis & ordine ſe ſequentibus conſtat rationibus, hoc eſt, ſeſquiſexta
& ſeſquiſeptima bifariam partientibus totum extremorum exceſſum. Ipſum igitur ob prædicta aptiſſimum uidetur auditui, atque
aliud nobis ſubiicit genus ab eo, qui per æqualitates conficitur con-
tentu inſtigatis ad conſiderandum ſi quæ erit apta compoſitio Diateſſaron ab initio in tres quaſi æquales rationes diuiſi in exceſſibus
iterum æqualibus : componunt etenim hoc quoque genus ſeſquinona ratio, & ſeſquidecima, & ſeſquiundecima, triplicatis itidem
primis numeris indicantibus ſeſquitertiam, qui reddant continuata
ſerie numeros 9, 10, 11, & 12, continue quoque ſequentes ſe rationes, quæ expoſitæ ſunt : præcedentibus autem & hic maioribus
rationibus, fit tetrachordum quaſi contentum, Diatonicum æqua-
bilius illo, tum per ſe, tum magis in Diapente ſupplemento, nam
præcedenti ſono annexa diſſonetur, ratio ſcilicet eadem ſeſquioctaua,
nò erga ſolos tres exceſſus efficit æqualitatis proprietatem, uerum
etiam erga quatuor comprehenſas rationes non interrupta ſerie à
ſeſquioctaua uſque ad ſeſquiundecimam. Conſtituunt igitur huiuſmodi Diapaſon, diſiunctione media interpoſita, numeri primi 18
& 20, & 22, & 24, & 27, & 30, & 33, & 36. accepta uero ab his ſe-
ctione in æquitonis peregrinus, quodammodo magis ruſtitiorḷ
modus apparebit, blandus tamen & auribus familiarior, ut non rectè deſpectus ſit propter tum conſonantiæ proprietatem, tum ſe-
ctionis ordinem. Adde quòd licet per ſe canatur nihil auditum offendit, quòd ſoli penè contingit medio Diatonicorum, aliis per ſe
quidem uiolenter conſonantibus, quæ tamen in admixtione cum
dicto Diatonico admitti queant, ubi molliora eius ad grauiora eius
diſiunctionum tetrachorda accipiantur, contentiora uerò ad acutiora. Appelletur igitur etiam hoc genus Diatonon æquale ab accidente. Porrò aliorum & uſitatorum generum delectu habito, medium ſanè tonicúque inter Diatonica ſi per ſe & purè examinétur,
conuenient tam in lyra ſolidis quàm in cithara ad tres Hyperrropò,
ideſt, ut ſic dicam, modorum ſuperiorum adaptationes : dicta uerò
Diatoni chromatici cum ipſo admixtio, in lyra quidem mollibus, in
cithara

cithara uerò mobilibus : fed mollis Diatonici cum Tonico admiſtio
in lyra mutatoriis modis, & in cithara ipſis parhypatis, feu penè ſu-
premis. Item contenti Ditonici cū tonico admiſtio mutatoriis mo
dis, quos uocant citharædi Lydios & Ionicos, niſi quatenus canūt
quidem conuenienter demonſtrato contéto Ditonico, ſicut uidere
licet ex propriarum eius rationum comparatione ; accommodant
enim alterum genus uicinum profectio illi, ſed alioqui promptum :
duos enim præcedentes conficiunt tonos, & reliquum quaſi medium : ipſi arbitrantur Semitonium : ratio tamē indicat id eſſe, quod
reſiduum uocatur : côceditur autem illis tale quid, propterea quod
nullo notatu digno diſcrepent, neque in præcedentibus locis ratio
feſquioctaua à ſeſquinona, neque in ſequentibus feſquidemaquinta
à reſiduo : etenim ſi ad 72 capiamus ſeſquinonum & ſeſquiquiocta-
uum, hic erit 81 ille 80; eritq; ſeſquioctauus ſeſquinoni ſeſquiuige-
ſimuſoctaüus . Hæc eadem ratio eſt & Ditoni, hoc eſt, bis ſeſquioctaux ad ſeſquiquartam, quæ eſt præcedens Enharmonij generis ,
quippe ad 64 ſeſquiquartus iterum fit 80, bis ſeſquioctauus 81.
Similiter cum ratio fit reſidui, quæ eſt 256 ad 243, huius uerò ſeſqui
decimaquinta 259 erit, & ſeſquidecimæquintæ : ad reſiduum ratio
259 ad 256 : atque hæc eadem eſt planè, quæ ſeſquiuigeſimaoctaua,
quia & ſeſquiquarta ratio æqualis eſt ambabus ſeſquioctaux, & ſeſquinonæ. ideo in nullo expoſitorum generum fit aliqua notatu di-
gna offenſio abutentibus ipſis : in contento quidem Diatonico ſeſquioctaua loco ſeſquinonæ ad præcedentem locum & reſidua pro
ſeſquiquintadecima ad ſequentem locum : in Enharmonio autem
ſeſquioctaua bis pro ſeſquiquarta ad præcedentem locum : & reſiduo : item pro ſeſquidecimaquinta in ambobus ſequentibus locis.
ponatur igitur nobis & hoc genus tum ob facilitatem mutationis
ex Tonico genere ad eā quæ fit per ipſam mixturam , tum ob reſidui
rationem habere quandam familiaritatem ad Diateſſaron, & tonū,
præ aliis non ſuperparticularium, tanquam neceſſario conſequen-
tem incidentes in ſeſquitertiam duas ſeſquioctauas . Erit autem
quodammodo & reſiduum per ſe , & per conſonantias acceptum
ueluti & tonus, hic quidem ex primarum duarum conſonantiarum exceſſu , illud uerò ex Ditoni differentia ad Diateſſaron conſonantia. Conſtituūt ergo & hoc genus numeri primi 192, & 216,

L &

& 643, & 256. Vocetur autem merito & ipſum Ditoniærum, quod præcedentia duo loca habeat duorum tonorum.

Finis primi libri.

CL. PTOLEMAEI
PELVSIENSIS

Harmonicorum ſiue de Muſica liber ſecundus,
Ant. Gogauino Grauienſi Interprete.

Quo pacto capi queant uirtutibus generum rationes.   *Cap.* I.

Ccipiamvs iam & per alterum modum eaſdem commenſurationes uſitatorum generum, non ut nunc à ſola rationis probitate gignentes ipſorum differentiis, deinde eoſdem accommodantes per canonem ſumptis ab euidentia teſtimoniis, ſed cótra prius exponentes per ſolum conſtitutas ſenſuſ adaptationes demonſtraturi ex ipſis conſequentes rationes acceptis in unoquoque genere ſonorum æqualitatibus aut exceſſibus. Supponamus autem & hic ſola ea, quæ omnino ſimpliciter confeſſa ſunt, ſcilicet Diateſſaron conſonantiam ſeſquitertia contineri ratione, Tonum ſeſquioctaua: porrò tetrachordorum apud citharædos decantatorum, conſtituatur primum quod à Nete, ſeu ultima uſque ad Parameſem, ideſt Penemediam Diateſſaron eſt eorum, qui tropi, ideſt modi uocantur, ut A B C D, atque A ſit Nete: aio contineri ab ipſo expoſiti intenſi chromatis genus, & primum A ad B rationem ſeſquiſextam eſſe, B ad D ſeſquiſeptimam: nã B C & C D demonſtrabimus poſtea. Inueniantur ergo maiorem tono facere magnitudinem utriq; tam A B, quàm B D, hoc eſt maiorem ſeſquioctaua

octaua rationem: estq; ipsorum A D sesquitertia: nec aliæ duæ rationes maiores sesquioctaua sesquitertiam complēt nisi sesquisexta,

		90	
Chromaticū	A	105	
	B	114	36
Intensum	C		
	D	120	Diesis

& sesquiseptima, quare A ad B, & B ad rationum una erit sesquisexta, altera sesquiseptima. Sumatur iam ipsi B æquitona E: & fiat ab ea in acutiorē partē tetrachordum simile A B C D ipsum E F G H, inuenietur ergo A acutior, quàm E, æquitoni autem sunt B & D: maior est igitur ratio A ad B, quàm F ad H: sed F ad H eadem suppo nitur cum B ad D: maior igitur est A ad B ratio, quàm B ad D: ergo ratio A ad B erit sesquisexta, & B ad D sesquiseptima. Rursus maneute A B C D tetrachordo sumatur æquitona F ipsi B, & hac stan-

		78	45
E		91	56
F		100	13
G		104	
H			

te fiat à Paramese chromaticum solidorum Diatessarō, ut E F G H, sitq; E ad Paramesen: dico ab ipso contineri genus tonici Diatoni, & rationem E ad F sesquioctam esse, F ad G sesquiuigesimamseptimam, G ad H sesquiseptimam. Etenim E F exactè tonum facient, idest sesquioctauam rationem, & G æquitona inuenietur ipsi D, quare, ut F G ratio, eadem est quæ B D, uidelicet sesquiseptima, combibitq; G H ratio sesquiuigesimaseptima, quæ cum sesquiocta ua & sesquiseptima complet sesquitertiam. Dein conficitur appellatorum Iastiæolicorum à Trite seu tertia Diatonicum Diatessaron, ut A B C D ipso A posito ad tertiam: aio contineri ab illo Dia tonici diatoni genus, quatenus præcedentium rationum utraque

sesqui-

ſeſquioctaua exiſtit reſidui reliqua: eſtque per ſe manifeſtum: ita enim accommodant citharædi, ut Tonum conficiant, tum A B, tum B C. Hoc eſt ſeſquioctauam rationem relinquaturque C ad D, ratio 243 ad 256, quę cóplet una cum dua-bus ſeſquioctauis ſeſquitertium, minor quidem quàm decimaoctaua, maior au tem quàm ſeſquidecimanona; ſi tamen exactum ſecuti modum non mutatio-nis promptitudinem faciamus expoſi-tum tetrachordum, ipſa quidem B C rurſus Tonum conficient & ſeſquiocta-uam rationem, ſed A B paulo minus tono: ut earum ſanè ratio ſit ea, quæ in-ter minores quàm ſeſquioctaua eſt ma-xima, puta ſeſquinona, C D uerò ſeſ-quidecimaquinta, quæ explet una cum ſeſquinona &

A	B	C	D
90	101	114	120

Diatonum diatonicum

ſeſquidecimaquinta rationem ſeſquitertiam, itaque conſtituitur intenſi Diatoni genus. Denuo manente A B C D Diateſſa-ron, nempe illo quod ad tonicam apta-tionem comparatum erat, fiat æqui-tona A ipſi D, & ab illa capiatur in acutiorem partem quod à meſe ſeu me-dia in hypaten, ideſt ſuprema eſt in tri-tis, ſiue tertiis Diateſſaron, ut E F G H, poſito G ad Perhypaté, ideſt, Peneſu-premam: aio contineri ab hoc mollis Diatoni genus, & inuentum iri præce-dentem rationem ſeſquiſeptimam, me-diam ſeſquinonam, reliquam ſeſquiui-geſima. Quòd itaque E ad F ratio ſeſ-quiſeptima ſit, patuit in ſolidis: nulla e-nim harum hic mota eſt: demonſtran-dum autem, quod F ad G, quoque ſit ſeſquinona, & G ad H ſeſquiuigeſima: inuenietur ergo G paulo acutior, ut mi-

Diatonum Intenſum

A	B	C	D
90	100	102	120

nor fit ratio G ad H quàm C ad D,
hoc eft, quàm fefquidecimaoctaua :
reddent ucrò F G minus Tono, ut & F
ad G, ratio minor fit fefquidecimaocta
ua, eftq́; G ad H ratio fefquifexta : &
quia E ad F quoque fefquifeptima eft,
neque complent aliæ duæ rationes fef-
quifextam, quarum una quidem maior fit quàm fefquioctaua : altera minor quàm fefquidecimaoctaua, nifi fefquinona & fefquiuigefima. eft autem
quàm fefquidecimaoctaua minor G ad
H ratio, hæc igitur erit fefquiuigefima, fed F ad G fefquinona. Cæterum
manente E F G H tetrachordo, æquitona

| Diatonum molle | | | |
E	F	G	H
96	102	114	120

ipfi G conftituatur C,
& ftante hac aptetur A B C D diatefla-
ron eius, quod initio pofuimus chromatici, fitque A ad acutiffimum, ut B
ad D ratio fit fefquifeptima: aio quòd
& B C ratio erit fefquiundecima, fed
C D fefquiuigefimaprima. Inuenietur igitur D quidem quàm H paulò a-
cutior, ut minor fit C ad D ratio, quàm
G ad H, ideft quàm fefquiuigefima.
Sed B quàm F grauior fentitur, ut minor fit etiam B ad C ratio, quàm F ad
G, nempe quàm fefquinona. Nullæ
uero rationes complêt fefquifeptimam,
quarum una maior fit quàm fefquinona, altera minor quàm fefquiuigefima,

| Chroma intenfum | | | |
A	B	C	D
89	104	114	119

nifi fefquiundecima, & fefquiuigefima : eftq́; minor quàm fefquiuigefima C ad D ratio, quare hæc erit fefquiuigefimaprima, quæque
reftat B ad C fefquiundecima : quæ erant demonftranda.

De

De usu canonis iuxta instrumentum, quod Helicona uocant.   Cap. 2.

TEtrachordorum igitur per genera differentiæ sic nobis constituantur per sonituum non æquitonorum diiudicationem,
& comparationem, porrò erit in octachordo canone ipsius Diapason usus & alio modo iuxta instrumentum, quod Helicona uocant,
confectum mathematica ratione ad indicationem earum, quæ consonantiis insunt rationum, hoc pacto ferè. Exponunt quadratum, ut
A B C D, & Bifariam sectantes A B: & B D in E & F, coniungunt
A F: & B G C ducuntq́; æquidistanter ad A C per E, lineā E H K,
per G uerò lineam L G M. Poni-
tur ergo A C utriusque, tam B F,
quàm F D dupla & utraque ipsius
E H : quia & A B ipsius A E: ut e-
tiam A C quadruplam esse opot-
teat E H, & reliqua H K sesquitertiam. Docet etiam M G ad
G L duplam esse, quia ut D C ad
C M, ita D B ad M G: sed ut B A
ad A L, idest, ut C D ad C M, ita
B F ad L G:& ideo ut B D ad G M,
sic B F ad L G, & uicissim ut B D
ad B F, ita M G ad L G. Fit igitur A C ad M G sesquialtera ad G L
tripla : quare distinctis chordis quattuor æquitonis ad eosdem sinus
cum A C, & E K, & L M, & B D, rectis lineis, subductoq́; illis canonio ad lineæ F G H A situm aptatis numeris, ipsi A C duodecim,
H K 9, G M 8, B F & F D utrique 6, atq; iterum ipsi L G 4, E H tribus, confectæ sunt omnes consonantiæ una cum Tono, quippe Dia
tessaron in sesquitertia quoque ratione fit ab A C & H K, item ab
G M & F D, ad hæc ab L G & E H. Sed Diapente in sesquialtera
ab A C & G M, item ab H K & F D, item à B F & L G. Hinc Diapason in dupla quoque ratione ab A C & F D, item A G M & G L,
præterea à B F & E H. Mox Diapason & Diatessaron in ratione 8
ad 3, ab G M & H E. Iam Diatessaron & Diapēte in tripla, ab A C
& L G, item ab H K, & H E : dein Bisdiapason in ratione quadrupla ab A C & D H. Postremo tonus & sesquioctaua ratio ab H K
& G M.

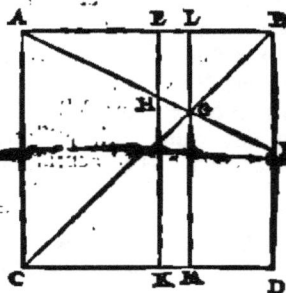

& G M. Iuxtà hoc igitur inſtrumentum ſi fiat æquidiſtantium late-
rum figura ſimpliciter, ut A B C D, & intelligamus A B & C D ad
apopſalmata, A C uerò & B D ad extremos Diapaſon ſonitus : dein amplius corrigentes C D æqualem D E, diuidamus obiectis canoniis lineam C E in generum ipſorum proprias rationes, acutum
terminum ad E collocantes, perq́; notatas in ipſa ſectiones tendamus chordas æquidiſtantes ſi-
mul ipſi A C, & æqualiter ten-
ſas inter ſe poſtea commune
futurum ſubductorium chordarum ipſis ſubiiciamus iuxta lineæ connectentis A E puncta,
ſitum nempe A F E; reddemus
iterū omnes longitudines chor
darum in iiſdem rationibus, ut
recipiant accommodatarum ge
neribus rationum diſtinctionē.
Nam ut quæ ab E capientur in
C D lineæ, habent inter ſe mu-
tuò, ita perq́; harum terminos excitatæ ad A C habebunt inter ſe,
puta quemadmodum E C ad C D, ſic C A ad D F : quare hæ quidem faciunt Diapaſon, quod dupla earum ſit ratio. Quod ſi rurſus
excipiamus ex C D, lineam C G pro quadrante ipſius E C, necnon
C H pro triente eiuſdē, & erigamus per G H illico chordas G K L
& H M N, æquitonas cum primis, ut & A C quidem ipſius G K fiat
ſeſquitertia, & H M ſeſquialtera, amplius & G K ſeſquioctaua ad
H M : conficient & hæ erga ſe inuicem aptatas rationibus conſonā-
tias, cuius ſimile conſequetur etiam, ſi in intermediis tetrachordis
accipiantur ſegmenta in propriis inquirendorum generum rationibus. Habet autem primus modus præ hoc facilitatem quandam,
quod non oporteat mouere chordarum à ſe inuicem diſtantias, hic
uꜩ præ illo, quod commune habent ſubductorium, unumq́; & ad
unũ eundemque ſitum : ad hæc quod poſſit eiuſdē deſcenſu ex E,
ut in O, ꝓ ſitu acutiorem reddere uniuerſum tonum, manente ſua
generi proprietate : quandoquidem ut C A, uerbi gratia, ad F D, ita
ſe habent O C ad P D, & in aliis ſimiliter. Rurſus hoc etiam ope-
roſior eſt prior modus, præ hoc quod plura oporteat mouere ſubductoria

ductoria fecundum unamquáq; aptationem, hic ueró præ illo, quod chordas totas circumferat, ac neque per æquales ipfarum diftan-tias, uerùm fæpè numero multum differentes ad expediendos con-tactuum tranfitus.

De primarum confonantiarum fpeciebus.   Cap. 3.

HActenus ergo quæ de confonantiis & modulatione pofitorũ iuxta apopfalma fonituũ confiderantur, nobis explicata fint, allectis etiam ad numerum confonantiarum uniuocis. Cum autem his proximum fit de omnium fonorum complexione, feu fyftemate agere, prius definiendæ funt primarum confonantiarum iuxtà fpetiẽ differentiæ, quæ fic habent. Quippe fpecies eft quidã fitus propriarũ unicuiq; generi in fuis cuiufq; terminis rationum'. Erunt autem hæ in Diapente quidem & Diapafon tonicæ & difiunctiuæ : in Diatef-faron uerò præcedentium duorum fonituum, quibus efficiuntur ad mollibus, aut intentius uergentia difcrimina. Primam ergo fpetiem dicimus communiter, quando ratio peculiaris proponit confonan-tiæ præcedẽtem tenuerit locum, quod & præcedens primo loco fit : fecunda eft, qñ fecundum à præcedenti : tertia qñ tertium, & fic deinceps ; quare to-tidẽ erunt fpeties in fingulis quot loca rationum, tres quidẽ Diateffaron, qua tuor Diapente, feptem Diapafon. Ac fanè ufu uenit in Diateffaron uná fpe-tiem duntaxat primã fub ftabilibus có tineri fonis, in Diapẽte duas tñ primã & quartam, in Diapafon tres primam quartam & feptimã. Si. n. exponamus Diateffaron A B C D & intelligamus A ad acutiorem tonú, connectamusq; huic aliud in grauius Diateffaron fimi-liter fe habens D E F G, & huic tonú codẽ pacto G H, atq; huic iterum Dia teffarõ adiungamus HK L M, & huic aliud M N O P : ftabiles profecto erũt

	In acutum
A	6
B	8
C	51
D	6
E	8
F	51
G	8
H	6
K	8
L	51
M	6
N	8
O	51
P	

In graue

foni

soni A, D, G, H, N, & P. Prima uero ſpecies Diateſſaron eſt M P,
ſecunda L O, tertia K N, in quibus ſoni ſtabiles ſunt tantum illi, qui
continent M P, ſiue primam ſpeciem. Porro prima ſpecies Diapente erit M G, ſecunda F L, tertia E K, quarta A H, quaru.. ſtabiles
ſonitus hi duntaxat ſunt, qui continent G M primum, & D H, quartam. Poſtremo Diapaſon prima ſpecies eſt G P, ſecunda O F, tertia N E, quarta D N, quinta L C, ſexta B K, ſeptima A H : ſoli uerò & harum ſtabiles ſunt ſonitus, qui cõtinent G P primam, & D M
quartam, & A H ſeptimam.

De complexione perfecta quod Syſtema oppo⸗ ι τ, & ſola⸗ι Diapa,ιⁿ
eſſe talem.   Cap. 4.

HIs igitur iam declaratis, complexio quidem ſimpliciter vocatur compoſita magnitudo ex conſonantiis, eſtq; ueluti conſonantia conſonantiarum ipſa complexio. Perfecta uero dicitur,
quæ habet omnes conſonantias cum ſuis cuiuſque ſpeciebus : omnino enim perfectum eſt, quod omnes ſui partes continet. Ergò iux
ta primam definitionem fit complexio etiam Diapaſon (etenim ui
debatur ſufficere hæc ueteribus) & Diapaſon cum Diateſſaron, &
Diapaſon cum Diapente & Biſdiapaſon : ſingulæ enim harum te-
xuntur conſonantiis duabus aut pluribus. Sed iuxta ſecundam perfectam complexio non niſi Biſdiapaſon erit : quippe ſoli huic inſunt
conſonantiæ omnes unà cum expoſitis ſpeciebus, quæque hanc excedunt, nihil habent amplius præter ea, quæ huius auditu potentia
comprehenduntur : quæ autem minores ea ſunt in nonnullis defi-
ciunt, quæ illi adſunt, quare compoſita ex Diapaſon & Diateſſaron
complexio perfecta non rectè appelletur, quippe ſeptem ſpecies
Diapaſon minimè continet, & Diapente quatuor, non ſemper, ſed
cum ita poſita fuerit, ut Tonus diſiungat, coniucta duo tetrachorda
quatuor ſpecies Diapente habebit : ex ſeptem uerò Diapaſon ſpeciebus ſolas quatuor eas, quæ utrinque ab extremis ſumptæ ſint : ſed
cum ita poſita fuerit, ut Tonus in extremo ſit & tria tetrachorda cõ-
iuncta, unam duntaxat ſpeciem continebit tam Diapête, quam Diapaſon, uel primam, uel ultimam in utraque, ut uidere licebit ex de-
ſcriptione ante poſita, ſi ipſi annectas ad alterum extremum ſimile
unum tetrachordum. Cæterum in Biſdiapaſon, ſi in eádem partem,

      M   & ſi-

& similiter habentes duæ Diapason constituantur ad quoduis initium disiunctionum, tam Diapason species, omnes quàm Diapente & Diatessaron inueniemus comprehésas, nihilq́; amplius in iis, quæ Bisdiapason excedunt.

Quo pacto sonituum appellationes accipiantur pro eorum, tum positione, tum facultate. Cap. 5.

VNde igitur complexionis Diapason & Diatessaron distinctio à Bisdiapason pendeat, in sequentibus exponetur. Sed cum re uera absoluta & Bisdiapason,& quinque & decem conflata sit,eo quòd communis fiat una uox grauiori, acutioriq́; Diapason & omnium media,aliquando quidem propter situm ipsum in acutius simpliciter,aut grauius appellamus, mediam sanè iam dictam commu- nem duorum Diapason, & Proslambanomenon, idest assumptam grauissimam, acutissimam Neten, siue ultimam excellentium ; dein sequentes assumptam in acutius usque ad mediam Hypaté, idest, su premam supremarum & Parhypaté,idest iuxtà supremam seu Pene- supremam supremarum, & lichanum, idest indicem supremarum: post mediam similiter usque ad Netem, seu ultimam excellentium ; Paramesen, idest penemediam, & tertiam disiunctorum , penulti- mam disiunctorum & ultimam disiunctorum, & tertiam excellen- tium, & penultimam excellentium, & ultimam excellentium. Ali- quando uerò propter facultatem ipsam, & respectum ad aliud ac- commodamus positionibus in immutabili uocata complexione fa- cultates ipsas Bisdiapason, deinde communes in hac facimus ap- pellationes tum situum, tum facultatum easq́; trásferimus in duas. nam si alterum in Bisdiapason duorum tonorum ab ea, quæ positio- ne media est acceperimus, & ipsi in alteram partem apposuerimus duo tetrachorda coniuncta, ex his quæ in tota sunt complexione te trachordis, deinceps tonum alterum reliquo & grauissimo interual lorum tribuerimus, medium profectò facultate appellabimus à cō stitutione hinc facta grauiorem acutioris disiunctionis & Peneme- diam acutiorem, assumptam uerò & ultimam excellentium grauio- rem grauioris disiunctionis & supremam supremarum acitiorem: deinde mediarum quidem supremam communem coniunctorum d uorum grauiorum tetrachordorum post grauiorem disiūctionem , ultimam

ultimam uerò difiunctorum communem coniunctorum duorum
grauiorum tetrachordorum poſt grauiorem diſiunctionem; atque
irerum Peneſupremam ſupremarum à grauiſſima ſecundam eius,
quod poſt grauiorem diſiunctionem eſt tetrachordi, & indicem ſupremarum, eam quæ tertia eſt, Peneſupremam uerò mediarum ſecundam etiam grauiſſima eius quod grauiſſimam diſiunctionem an-
tecedit tetrachordi & indicem mediarum tertiam: deinde tertiam
diſiunctorum ſecundam à grauiſſima tetrachordi ſequentis acutiorem diſiunctionem & penultimam diſiunctorum tertiam, excellentium uerò tertiam à grauiſſima ſecundam antecedentis acutiorem
diſiunctionem tetrachordi & penultimam excellentium tertiam.
Porrò iuxtà has appellationes, nempe facultatum ſolummodo uo-
centur ſtabiles ſoni in generum mutationibus, aſſumpta & ſuprema
ſupremarum, & ſuprema mediarum, media Penemedia, ultima diſiunctorum, & ultima excellentium, quæ una eademque eſt cum aſſumpta; reliqui uerò nobiles, quippe tranſcuntibus poſitione facultatibus, non amplius iiſdem locis quadrant ſtabilium mobiliüve
termini. Manifeſtum eſt autem quòd primam ſpetiem Diapaſon
in propoſita complexione, quæ in immutabilis dicitur ob dictam
cauſam comprehendunt Penemedia, & ſuprema ſupremarum: tertiam penultima diſiunctorum, & index ſupremarum, quartam ultima diſiunctarum & ſuprema mediarum: quintam tertia excellentium, & Peneſuprema mediarum, ſextam penultima excellentiũ,
& index mediarum: ſeptimam ultima excellentium, & aſſumpta,
& media, ut uides annotatum in ſubiecta oculis hic immutabili có-
plexione, ut in promptu ſit accipere.

Pofitiones	Septies Diapafon
Proslambanomenos, ideft Affumpta.	Prima
Hypate Hypaton, ideft fuprema fupremarũ.	Secunda
Parhypate Hypatõ, ideft Penefuprema fupr.	Tertia
Lychanos hypaton, ideft index fupremarum.	Quarta
Hypate mefon, ideft fuprema mediarum.	Quinta
Parhypate mefon, i. Penefuprema mediarũ	Sexta
Lychanos mefon, ideft index mediarum.	Septima
Mefe, ideft media.	Prima
Paramefe, ideft Penemedia.	Secunda
Trite diezeugmenõ, ideft tertia difiunctorũ.	Tertia
Paranete diez : ideft penultima dif.	Quarta
Nete diez, ideft ultima difiunctorum	Quinta
Trite hyperboleon, ideft tertia excellétium.	Sexta
Paranete hyperb. ideft penultima excell.	Septima
Nete hyperb. ideft ultima excell.	

Quomodo ea, quæ coniunctis Diapafon & Diateffaron fit magnitudo famam obtinuit perfectæ complexionis.   *Cap. 6.*

HAec etiam complexio dicitur etiam difiucta, ut differat ab ea, quæ accipitur pro magnitudine compofita ex Diapafon & Diateffaron, quæ uocatur coniuncta, eò quod coniunctum habeat loco difiunctionis tetrachordum mediæ, alterum in acutiorem partem, quod & ipfum appellatur coniunctum, ab accidente : ficut etiã quod difiunctum dicitur : in quo tertiam fanè cõiunctarum eam accipimus uocem, quæ mediam fequitur, penultimam uero coniunctarum eam, quæ deinceps eft, ac præcedentem in tetrachordo ftabilemq; ultimam coniunctarum. Videtur enimuerò huiufmodi cõplexio à ueteribus aftructa fuiffe ad alteram fpetiem mutationis, tamq; mutatoria quædam refpectu illius, quæ immutabilis eft : neq; enim eò quòd fecundum genus non mutatur, talis dicitur : quippe id commune eft omnibus generibus, fed quod fecundum Toni facultatem. Sunt autem & circa ita uocatum Tonum duæ primæ mutationum rationum differentiæ: una fanè per quam totum concentum acutiore tenfione percurrimus, aut grauiore, obferuantes contenientem in tota fpetie rationem; altera uerò fecundum quam né totus permutatur concentus tenfione ipfa, fed pars quædam, iuxtà refpondentem principio rationem: quapropter appelletur hæc potius concentus, quàm Toni permutatio: nam ex illa non mutatur concétus, fed tonus omnino, ab hac uero concentus fuum ordinem immutat. non autem tenfio, ut tenfio, fed ut cantus gratia; unde illa quidem non adfert fenfibus ullam alterationem in facultate, à qua moucatur rhos ipfe, fed eam tantum, quæ iuxta acutius, aut grauius exiftit: hæc uero à confueto, & expectato cantu diuertit, quando amplius id quod erat confequens prætulerit, tranfeat autem alicubi ad alteram fpetiem, uel genere, uel tenfione, ut cum à concentu, qui in Diapente confono folet facere tranfitiones, fiat diuerfio in Diateffaron, ficut in expofitis complexionibus: quippe cantus tranfcédens in mediam, quando non ut cófueuit in difiunctarum tetrachordum uenerit per Diapente confonantiam, fed circütortus quafi con trahatur ad coniunctum mediæ tetrachordum, ut pro Diapente faciat Diateffaron ad eas, quæ mediam præcedunt uoces: itaque com mutatio obiicitur fallunt q́; fenfus aliud expectantes. Ac utilis quidem eft commoderata contractio & modulationi idonea, inutilis au tem quando contra: quare pulcherrima, & quafi facultate una eft ea, quæ prædict.r fimilis eft tonicam recipiens inter refümendum decafionem, qua differt Diapente à Diateffaron: tum quia communis cum fit generibus ipfe tonus manifeftam in omnibus illis poteft facere mutatiónem, tum quia earum, quæ in tetrachordis funt rationum altera cantum immutat, præterea quia commoderatus eft, utpote qui primus inter canoros fonitus ftatuatur neque magnas in cantu digreffiones, neque paruas nimus efficit, quarum utranque auditui difficile eft probare. Fiunt ergo tria tetrachorda fibi mutuo, deinceps coniuncta ad huiufmodi mutationis propriam rationem ....ra quadam particulari duarum difiunctarum complexionum, qu.......oræ differunt tono ad fe inuicem Diateffaron. Cæterum quia in......ra ueteribus erat hucufque perringens augmentatio tonorum: tatem enim cognouere Dorium Phrygium, & Lydium, uno tono differentes à fe inuicem, ut non deuenerint ad acutiorem, uel grauiorem interuallo Diateffaron: neque potuere à difiunctis

facere

facere deinceps tria tetrachorda : complexionis nomine compre-
henderunt coniunctam, ut in promptu haberēt expositam mutationem. Omnino enim in Tonis iis, qui spatio Diatessaron se inuicem
excędunt, siue in utroque tetrachordo eorum, quæ antecædunt similem disiunctionem acutius annectatur grauiori in partem acutiorem, facit in grauiori tria tetrachorda coniuncta, quorum id quod
allatum est sit acutissimum : siue eorum, quæ similem disiunctionem
sequuntur tetrachordorum grauius coniungatur acutiori in partem
grauiorem facit, item in acutiori tria tetrachorda coniuncta, quorum id quod additum fuit grauissimum est. Sit enim ab A acutissimo
sono tetrachordum in partem grauiorem A D, & alterum ei coniunctum B C, & Tonus deinceps disiūctiuus C D, & iterum sub ipso
alia duo tetrachorda coniuncta D E & E F. Sumatur autem Toni

In acutum			P	Diatessaron
A	Diatessaron		O	~~Diatessaron~~
B	Diatessaron		N	
C			M	Tonus
	Tonus		G	
D	Diatessaron		H	Tonus
E			K	Diatessaron
F	Diatessaron		L	Diatessaron

per Diatessaron acutioris ipsi C D similis disiunctio G H, & cōiun-
gantur huic in grauiorem partem, duo item tetrachorda K L : porrò
Toni per Diatessaron grauioris ad primum similis quidem disiūctio
ipsi C D sit M N, coniunctaq; huic in acutiorem partem sint duo
tetrachorda N O & O P : quia ergo H sonus similis est D sono, erit
ipso per Diatessaron acutior : est autem & K sono acutior per Diatessaron : æqualis igitur soni sunt D & K : quare poterit coniungi
ipsi D in acutiorem partem tetrachordū K H, & fieri tria deinceps ,
in A F tono tetrachorda : inter quæ ipsum erit acutissimū puta F E,
E D, & D H. Itē quia N sonus similis est sono L, grauior erit ipso
per Diatessaron : est autem & O sonitu grauior per Diatessaron.
Acqualis ergo toni sunt C & O : quare poterit coniungi in acutiorem

rem partem ipfi C tetrachordum O M, & fieri denuo tria, deinceps
in A F tono tetrachorda, inter quæ ipfum erit grauiſſimum : ſcilicet
A B, & B C, & C N.

De mutationibus quæ uocantur ſecundum tonos. Cap. 7.

QVod igitur applicata diſiunctis perfectis complexionibus ea
quæ iuxta Diateſſaron fit comparatione ſuperflua ſit coniuncta coïnplexio, quæ etiam perfectæ complexionis naturam, ut diximus, non aſſequitur ; ex his fiat manifeſtum, quæ expoſita iam ſunt.
Definiendum ueró denuo quòd earum, quæ ſecundum totas conſti
tutiones fiunt mutationum, quas uocamus proprié tonos, eò quod
tenſione acquirant differentias, potentia quidem infinita eſt multitudo, ſicut etiam ſonorũ : una enim hac re differt à ſonitu is, qui ſic
appellatur Tonus, quod compoſitus ſit, cum illo collatus, qui ſimplex eſt : ut linea collata ad punctum : nihiló; hic impedit, quo minus, ſiue punctum totum, ſiue totam lineam transferamus in continua loca : actu ueró qui ad ſenſum referatur finita , cum'& ſonorum
numerus finitus ſit. Quare tres erunt termini eorum, quæ circa tonos conſideranda ueniunt in unaquaque conſonantia : primus quidem, quò extremorum ſonituum ratio conſtituatur : ſecundus, quo
multitudo interiectorum inter extremos : tertius, quo exceſſus eorum mutuus ut proximi fuerint : ſicut in Diateſſaron conſonantia,
exempli cauſa, primo quod ſeſquitertiam ædunt rationem extremi
ſonitus, ſecundo quod tres duntaxat componant totam, poſtremo
quòd tales ſunt rationum differentiæ : niſi quatenus horum terminorum unuſquiſq; peculiarem habet cauſam : in tonis uero ſequun-
tur, quodammodo primum terminum reliqui duo ab una eademq;
pendentes cautione, cuius conſequentiam ignorantes plurimi uariè
& differenter unumquemque exponunt terminorum, alij infra Dia
paſon ſiſtentes , alij in ipſa Diapaſon ſolummodo , nec deſunt qui
excedant, ut ſolent fere profectum quendam affectare recentiores ultra inuenta antiquorum, quod cum natura concentus &
reſtitutione non conuenit, qua ſola definiri neceſſe eſt eorum , qui
extremi futuri ſint tonorum diſtantiam. Quare nec eius mutationis,
quæ ſecundum uocem ſit terminorum unum eundemque habet po
tentia, nequo eius, quæ ſecundum aliud quoduis inſtrumentorum
edentium

edentium fonos . Nam neque grauiorum acutiorumq́; uocum gratia inuenimus profecto constitutionem eius, quæ secundum tonum fit mutationis factam esse : cum ad huiusmodi differentiam organorum intensio aut remissio integrorum sufficiat, nulla prorsus immutatione in cantu facta : quando totus similiter à grauius, aut acutius sonantibus artificibus perficitur : sed hac de causa,ut secundum unã uocem, idem cantus aliquando quidem ab acutioribus locis inceptus, aliquando uerò à grauioribus, conuersionem quãdam efficiæ moris, neque etiam ad utraque extrema cantilenæ, simul absoluantur & uocis, in tonorum permutationibus, sed nunquam non prius definant, in alteram quidem partem extremum uocis à cantilenæ extremo, in contrariam uero partem cantilenæ extremum à uocis extremo, ut à principio accommodata uocis distantiæ cantilerr. aliquando quidem diminuatur in mutationibus,aliquando uerò cre scat, atque ita alterius moris imaginem auribus afferat.

Quod oporteat extremos tonos in Diapason ~~...~~   Cap. 8.

SIt igitur hæc prima & præcipua similitudinis illius, quæ in concentu & restitutio, in prima quoque unisonarum, puta Diapason, quod continentes ipsam soni, ut ostendimus, ab uno nibil differant, ac ueluti si quæ illi adiungantur cósonantiæ, id efficiũt, quod faciebant etiam cum per se starent , ita & cantus singuli in sola ea; quæ per extremum unitonum accipitur distantia, aut hinc composita, potest initio accepto ab utroque extremorum tonorum similiter percurrere. Quin etiam & in tonorum mutationibus, quando acutiorem & grauiorem per Diapason uolemus immutare nullum mouemus sonorum, quorum tamen aliquos semper mouemus in reliquis aptationibus, sed idem ipse tonus fit, qui erat à principio. Ac denuo consequenter qui per Diatessaron differr ab eo, qui fere batur à principio , idem est per Diapason & Diatessaron differenti ab eodem : qui uerò per Diapente ab eo, qui à principio fuit differt, idem est per Diapason & Diapente differenti ab eodem : ac in aliis eodem modo. Quare qui intra Diapason definiunt extremos tonos, neutiquam sanè restituunt in integrum contentus ambitum : neque enim deerit aliquis ultra illos dissimilis omnibus primis : qui uerò excedunt ultra limites Diapason, superßuè supponunt eodem

semper

femper iis, qui prius accepti fuere, nimirum Diapafon quidem ci,
quæ à principio, eos uerò qui æqualiter diſtanta Diapafon, æqualiter diſtantibus in eandem partem à principio. Ergo neque qui ad
Diapafon tantum progrediuntur, reċtè annumerant Tonis eum, qui
à primum fumpto per Diapafon diſtat : idem enim illis uſu uenit,
quod his qui excędunt expoſitum terminum, niſi quatenus hi quidẽ
in uno, illi uerò in pluribus falluntur, adeoǫ; non immeritò illis obiicitur, & crimini uertitur, quod ueluti principium & cauſam porre
xerint excedendi. Etenim ſi ſemel admittitur quis in propoſitis, ut
Diapafon idem qui in principio, quid uetat (inquiunt) apponere e-
tiam eos, qui reliquis deinceps proportione ſimiles ſunt ? Amplius, quòd non oporteat multitudine terminorum ipſius Diapafon
metiri eius facultates, ſed numero componentium ipſam rationũ,
in promptu eſt exemplum appoſitiſſimum à ſpetiebus, quæ ſub ipſa
continentur, quippe quas ſeptem dũtaxat omnes ſemel ſimplici-
terǫ; fuppoſuimus, cum qui eas efficiunt ſoni oċto ſint. Neque ullus ſanè dixerit eum, qui à grauiſſimo, uerbi gratia, in grauiorem
partem accipitur ſpetiem efficere aliam à prima & in eandem partem ab acutiſſimo, propterea quòd & in uniuerſum ab utroque extremo Diapafon, ad eundem modum accepto initio, ad eádem de-
uenitur facultarem.

Quòd ſeptem dũtaxat oportet Tonos ſupponere. **Cap. 9.**

INduxit ergo nos ſermo ad numerum quoque tonorum : de quo
pulchre ſe res habebit, ſi totidẽ quot ſunt ſpeties Diapafon, eos
fecerimus, quia tot etiam ſunt ambarum primarum conſonãtiarum
acceptæ pro cuiuſque rationibus, quarum natura, neque plures,
neque pauciores ſupponi permittit. Sicut ergo ſiquis uellet in plures partes facere diuiſiones, uerbi gratia, ipſius Diateſſaron, quàm
in tres, aut certè in totidem, ſed exceſſibus fõrtuitis, aut, ſi libet .
definitis quidem, ſed aliis ab iis, quæ ſecundum cõgruam rationem
acceptæ ſint, è ueſtigio inſurgit reċta ratio & experientia : ita & eos
qui ſub Diapafon contentos tonos conſequenter ſe habentes naturæ conſonantiarum, & hanc ob cauſam natos, ut etiam torẽ complexiones conſonantes recipiant differentias, uel plures ſeptem
Diapafon tam ſpetiebus, quàm rationibus ſupponunt, uel æquali-
                                                    N   bus

bus omnium differentiis à se mutuo, ne permittamus id agere, cum nullam possint afferre uerisimilem causam, neque æqualitatis in ipsa in uniuersum augmentatione, cum inutilis omnino in cantu res hæc deprehendatur, neque cur tonici, uerbi gratia, sint omnes excessus, aut Semitonici, aut Diecisi : à quibus suppositis, tonorum quoque numerum definiunt pro talium in Diapason multitudine : cur enim potius tantos eos faciunt cum illorum sententia, & has, & illas plu resq; alias magnitudines consonantia recipiat, tam in generu, quàm in distantiarum ordinibus ? neque enim illis dicere integrū est, quòd hæc magnitudo exactè diuidit Diapason, illa non exactè, aut quòd hæc, uerbi gratia, in pares illa in impares partitiones : quin si tonus in sex diuidet Diapason & Semitonium diuidat in duodecim & toni triens in 18, & quadrans in 24, atque ita horum nihil profecto sensibilem habet differentiam. Quos igitur, dicat quispiam, definire oportet septem tonorum excessus, siquidem neque in septem æquales rationes diuiditur Diapason, neque si inæquales sunt, in promptu sit quales ex iis supponere conueniat : eos qui ad extremis con sonantiis, consequenter inuenientur, nempe putandum est, scilicet relictos ex ipsius Diatessaron intra Diapason in utráque partem incremento, quod idem est cum Diapente in contrariam partem : népe per Diatessaron, altero quodam grauior sonus sit per Diapente ipsi uniuoco ad grauius acutior, & per Diatessaron, alio quodam acutior sonus eiusdem uniuoco ad acutius sit per Diapente grauior. Est autem necesse, non hic tantum, sed ubiq; præcedere, præsupponiq; uniuoca ante consonantia, hæc uero ante ea, quæ apta cantui dicuntur : quare Tonorum quoq; eos, qui unisoni sint accipere primum oportet, deinde eos, qui per excessum horum inueniuntur, qualescunque fuerint, ac si non ita commodam faciat mutationem in sequentes Tonos facta transitio, ut in eos, qui primis differunt consonantiis .

Quomodo oportunè sanéq; accipiantur excessus tonorum.   **Cap.** 10.

Videntur autem hi, qui usque ad octo Tonos progrediūtur per unum superfluè cum septenis connumeratum in proprios eorum excessus quasi incidere : non tamen iuxta oportunam tracta tionem : simpliciter enim tres antiquissimos, qui uocantur Dorius,
Lydius

Lydius & Phrygius (ab illis unde initium habent gentibus nomen
affecuti, uel utcūque aliter quis caufam nominis reddere uelit) tono differre mutuo fupponunt, & ideo æquitonos appellantur, atq;
ab his faciunt primam mutationem confonantem à grauiffimo triū
Dorioq; in acutiorem partem Diateffaron, uocantes hunc tonum
Mixtum lydium à uicinitate, quam habet ad Lydium, eo quod nondum integro ipfum excedat tono ; fed reliqua ad Diateffaron parte
poft Ditonum, qui eft à Dorio ufque ad Lydium : dein quia per Dia
teffaron hinc fitus erat Dorius, ut etiam reliquis fubiicerent grauiores Diateffaron, eum fanè qui fub Lydio futurus erat, Hypoly-
diū uocarunt, qui fub Phrygio, Hypophrygiū, qui fub Dorio, Hypodorium : cui Diapafon futurum in acutiorem partem Tonum,
qui idem eft, dixerunt hypermixto lydium ab accidente, quafi qui
fupramixtum lydium acceptus fit, ufurpantes uoculam Hypo ad in-
dicandam partem grauiorem, Hyperuerò ad partem acutiorem.
fitq; iuxta primorum confequentiam Hypodorij quidem ad Hypo-
phrigium exceffus Tonus, & non diffimili ratione Hypophrygij ad
Hypolydium : huius autem ad Doriū Limmatis, ideft refidui : quod
uoleat facere Semitonum. Sed non oportet, ut diximus, à fonis
cantui aptis accipere confonantes, immo contra ab his illos : quia
confonantes facilius capiuntur, & principaliores funt, tam ad alia,
quàm ad mutationes ipfas faciendas. Quod fanè fiat conuenienter, fi acutiorem tonum proponentes, utputa A capiamus primum
huic Diateffaron grauiorem, ut B, & ad huic iterum grauiorem Diateffaron, ut C : deinde quoniam qui huic eft Diateffaron in partem

Inacutū	A	Limma	Mixtus lydius
	F	Tonus	Lydius
	D	Tonus	Phrygius
	B	Limma	Dorius
	G	Tonus	Hypolydius
	E	Tonus	Hypophrygius
In graue	C		Hypodorius

grauiorem excedit Diapafon ipfi expellentem, hoc eft, acutiorem
ipfo C per Diapente accipiamus, ut D, rurfus hoc ipfo grauiorem

N   2   per

pason: Lydij uerò facultate media loco Tertiæ disiunctarum, cor-
gruens secundæ speciei: Phrygij loco Penemediæ ad tertiam spetiem: Dorij loco mediæ facitq; quartam & mediam spetiem ipsius
Diapason: sub Lydij uerò loco Indicis mediarum, faciens quintam
spetiem: sub Phrygij loco Penesummæ mediarum congruens spe-
tiei sextæ: Subdorij loco mediarum supremæ ad septimam spetiê.
Quare poterunt aliqui in complexione seruati immobiles soni in
Tonorum inmutato responsu, obseruata uocis magnitudine, quãdo in tonum differentibus similes facultates, nunquam in ipsorum
sonorum loca incidunt. Cæterum pluribus suppositis tonis, ut faciunt, qui per Semitonia excessus eorûdem accumulant, necessariû
erit duorum tonorum, medias uni soni loco penitus congruere, ut
totæ moueantur complexionês, per mutuam horum tonorum duorum responsus mutationem, nec amplius seruabitur cômunis quædam, quæ ab initio erat tensio, qua uocis proprietas commensura-
tur. Nam Hypodorij, uerbi gratia, facultate media cônexa ei, quæ
est situ mediarum suprema, Hypophrigij uerò Penesupremæ mediarum interceptû ab hisce tonum, qui uocatur ab ipsis Hypophrygius, ad differentiam illius acutioris, oportebit suam ipsius mediam,
aut apud supremam habere mediârum, quemadmodum & Hypodorius, aut apud Penemediam, ut acutior quoque Hypophrygius:
quod ei eueniat postquam inter seinuicem commutauerimus, eos
qui communem sonum nacti sunt tonos, mouebitur quidem hic cô-
tentus, aut relaxatus semitonio, ad hoc uero quod eadem in utroqi
tono facultas sit, uidelicet ea, quæ mediæ est, sequentur & reliquorum omnium tonorum intensiones aut remissiones, cò quòd conser
uêt rationes ad mediam easdem, quæ erant & ante mutationem,
iuxta commune amborum tonorum genus acceptæ: quare neutiquam alius uidebitur spetie tonus à priore, sed Hypodorius iterum,
aut idem Hypophrygius acutius sonans grauiusq; duntaxat. Quòd
igitur rectè sufficienterque septem habeantur toni, hactenus ex-
plicitum sit.

DORIVS

DORIVS TONVS.

Nete hyperbolæorum,	seu ultima excellentium
Paranete hyperbolæorum,	seu penultima excellentimu
Trite hyperb.	Tertia excellentium
Nete diezeugmenon	seu ultima disiunctarum
Paranete diezeug.	seu penultima disiunctarum
Trite diezeugm.	Tertia disiunctarum
Paramese	Penemedia
Mese	Media
Lychanos meson	Index mediarum
Parhypate meson	Penesuprema mediarum
Hypate meson	Suprema mediarum
Lychanos hypaton	Index supremarum
Parhypate hypaton	Penesuprema supremarum
Hypate hypaton	Suprema supremarum
Proslambanomenos	Adsumpta

HYPOLYDIVS TONVS.

POSITIONES	FACVLTATES
Vltima excellentium	Suprema supremarum Adsumpta
Penultima excellentium	Vltima excellentium
Tertia excellentium	Penultima excellentium
Vltima disiunctarum	Tertia excellentium
Penultima disiunctarum	Vltima disiunctarum
Tertia disiunctarum	Penultima disiunctarum
Penemedia	Tertia disiunctarum
Media	Penemedia

Index mediarum	Media
Penefuprema mediarum	Index mediarum
Suprema mediarum	Penefuprema mediarum
Index fupremarum	Suprema mediarum
Penefuprema fupremarum	Index mediarum
Suprema fupremarum	Penefuprema fupremarum
Ad fumpta	Index fupremarum

HYPOPHRYGIVS TONVS.

POSITIONES	FACVLTATES
Vltima excellentium	Penefuprema fupremarum
Penultima excell.	Suprema fupremarum Adfumpta
Tertia excell.	Vltima excell.
Vltima difiunctarum	Penult. excell.
Penultima difiunc.	Tertia excell.
Tertia difiunc.	Vltima difiunc.
Penemedia	Penultima difiunc.
Media	Tertia difiunc.
Index mediarum	Penemedia
Penefuprema mediarum	Media
Suprema mediarum	Index mediarum
Index fupremarum	Penefuprema mediarum
Penefuprema fupremarum	Suprema mediarum
Suprema fupreinarum	Index fupremarum
Adfumpta	Penefuprema fupremarum .

LYDIVS

LYDIVS TONVS.

POSITIONES	FACVLTATES
Vltima excell.	Tertia excellentium
Penult. excell.	Vlt. disiunc.
Tertia excell.	Penult. disiunc.
Vltima disiunctarum	Tertia disiunc.
Penult. disiunc.	Penemedia
Tertia disiunc.	Media
Penemedia	Index mediarum
Media	Penesuprema mediarum
Index mediarum	Suprema mediarum
Penesuprema mediarum	Index supremarum
Suprema mediarum	~~Penesuprema supre.~~
Index supremarum	Suprema supremarum Adsumpta
Penesuprema supremarum	Vltima excellentium
Suprema supremarum	Penult. excell.
Adsumpta	Tertia excell.

MIXTVS LYDIVS TONVS.

POSITIONES	FACVLTATES
Vltima excellentium	Vltima disiunctarum
Penult. excell.	Penult. disiunc.
Tertia excell.	Tertia disiunc.
Vltima disiunctarum	Penemedia
Penult. disiunc.	Media
Tertia disiunc.	Index mediarum
Penemedia	Penesuprema mediarum

Media

Media	Suprema mediarum
Index mediarum	Index supremarum
Penesuprema mediarum	Penesuprema supremarum
Suprema mediarum	Suprema supremarum
Index supremarum	Vltima excellentium Adsumpta
Penesuprema supremarum	Penult. excell.
Suprema supremarum	Tertia excell.
Adsumpta	Vltima disiunctarum

HYPODORIVS TONVS.

POSITIONES	FACVLTATES
Vltima excellentium	Index supremarum
Penult. excell.	Penesuprema supremarum
Tertia excell.	Suprema supremarum Adsumpta
Vltima disiunctarum	Vltima excell.
Penult. disiunc.	Penult. excell.
Tertia disiunc.	Tertia excellentium
Penemedia	Vlt. disiunc.
Media	Penultima disiunc.
Index mediarum	Tertia disiunc.
Penesuprema mediarum	Penemedia
Suprema mediarum	Media
Index supremarum	Index mediarum
Suprema supremarum	Penesuprema mediarum
Penesuprema supremarum	Suprema mediarum
Adsumpta	Index supremarum

O   PHRYGIVS

PHRYGIVS TONVS.

POSITIONES	FACVLTATES
Vltima excell.	Penultima excellentium
Penult. excell.	Tertia excell.
Tertia excell.	Vltima diſiunc.
Vltima diſiunctarum	Penult. diſiunc.
Penult. diſiunc.	Tertia diſiunc.
Tertia diſiunc.	Penemedia
Penemedia	Media
Media	Index mediarum
Index mediarum	Peneſuprema mediarum
Peneſuprema mediarum	Suprema mediarum
Suprema mediarum	Index ſupremarum
Index ſupremarum	Peneſuprema ſupremarum.
Peneſuprema ſupremarum	Suprema ſupremarum Adſumpta
Suprema ſupremarum	Vltima excellentium
Adſumpt a	Penultima excellentium

De difficultate utendi monochordo canone .   *Cap.* 12.

CVm uerò ad maiorem euidentiam, rationisq́; cum ſenſu conſpirationem oſtendendam, reliquum ſit etiam harmonicum canonem ſecare, non ſecundum unum duntaxat tonum, ut in immutabili complexione, neque in uno genere uel duobus, ut, qui ante nos fuere, fecerunt, ſed ad omnes ſimpliciter tonos, & ſingula cãtilenarum genera, ut & communes ſonorum locos expoſitos habeamus: paucula prius percurremus de imperfectione huiuſce monochordi canonis, & ſi hucuſque nihil uideatur amplius excogitatum, ut ratione collecti reſponſus cantilenarum in uniuerſum iudicatu

catu facilem habeant cum fenfibus comparationem. Videtur autem alia uiciſſe huiuſmodi inſtrumentum propter uſum, tam illum,
qui manus opera conſtat, quàm qui contemplatione eorum,quæ cō
grui concentus rationem perficiunt; quandoquidem aliis non ui-
debatur utrunque dictorum ineſſe, ſed canonicis quidem ſolus con
templādi finis, Lyris uerò & Citharis, aliisq; id genus, quòd licet in
illis, etiam non ſine conuenienti ratione, conſtituti ſint concentus,
non tamen oſtendunt per ſe, quando neque in tibiis & fiſtulis tale
quid exactè haberi poteſt, quæ tamen magis ad utranque indicationem comparatæ eſſe uidentur, quòd longitudinibus congruen-
tes accipiant ſonorum differentias. Sed uidere licet perſpicue mu-
tilum eſſe monochordum canonem,quod ad utraque iam dicta attinet, puta tam ad contemplationem diuiſi muſica ratione canonis,
quàm in uſum, qui in citharis lyraq; quæritur, quibus alterū exactè
ſaltem ineſt, cum illi neutrum integrum ſit. Primum enim quia neque æqualis ſit chorda, necne examinant, neque ſitus extremorum
explorant, immo neque particulatim traditæ rationes rectè perhibent,nec omnino ratio: immo neque particulatim traditæ rationes
rectè perhibent, nec omnino ratione conficiunt diuiſiones, ſed tēſa
chorda mox producto ſubductorio, donec auribus occurrat unuſ-
quiſque quæſitorum ſonorum, illic peculiarem ipſi annotant ſectionem, dimiſſo eo ad quod comparatum erat inſtrumentum, eodem
modo quo ſolent inſtrumentorum eorum, quæ inflantur opifices.
Deinde etſi in pedali uel cubitali longitudine poſſit adducto ſubdu
ctorio, fieri ſonorum comparatio utcunque, ulterius tamen tran-
ſeunti propter cantus ſeriem, & modulationis gratiam, non iam ita
exactæ deprehenduntur ipſorum propriæ annotationes, neque ob
celeritatem adductionis promptè tangūtur. Ac uſus gratiam ſi quis
reſpiciat,poſtremum eſt omnino ad inſtrumentum infirmiſſimumq;
non ſolum quod una manu ad concordiā concinnatur, & altera pul
ſatur ſeorſim, ut pulcherrimis in manus opera priuetur rebus, puta
ueluti in cantu, comploſione, replicatione, explicatione, tractu &
omnino ea, quæ per tranſcēdētes fit ſonos complicatione, propterea quòd pulſans manus una cum ſit, neque ad maiores diſtantias
exilire queat facile, neque duo ſeparata, ſimul attingere loca: uerum etiam, quòd continuitatem ſonorum (quæ à melo alieniſſimā
ſpeciem continet, tanquam quæ nullum edat ſtabilem ſonum, neq;

O 2   defi-

definitum) hic fit neceſſarium nunquam ferè non conſequi ob de-
lationem ſubductoriorum protrahentium ſimul perſtringentiumq́;
attritione chordæ huiuſmodi ſonos, quod aliter nequeunt proſilire,
neque reſilire ad definita loca. Quamobrem neque in celerioribus
numeris fieri poteſt, ut facile eo utamur. Ac mihi idcirco uidetur hi,
qui tractant huiuſmodi inſtrumentum, cum illud aberrare uiderent
à congrua ſonorum ratione, nunquam ſolum adhibere ſenſibus æſti
mandum, ſed perpetuo adiuncta tibia, aut fiſtula, ut illorum reſo-
nantia error non ita deprehendatur.

Didymus uerò muſicus conatur quidem primus adducere aliquam eius correctionem, non tamen qualem oportuit, quippe ſubductorij tantum facultati ſtuduit, aliorum uerò uſurpatu
difficilium, quæ enarrauimus, quæ plura maioraq́; ſunt non potuit
inuenire curationem aliquam. Accipit enim diſtantias ſonorum nõ
à ſolo altero extremo, ſed à contrario etiam, iuxta huiuſmodi tamẽ
poſitiones, in quibus æquales fiunt ad utrunque extremum longitu
dines, habetq́; rationem utrunque ad totum propriam alicuius ſoni, quemadmodum quando inter ſe inuicem quidem in dupla ratione teſtificantur duæ partes, ad tonum uero, ſcilicet maius in ſeſquialtera ſecundum Diapente, minus autem in tripla ſecundum
Diapaſon, & Diapente, tota enim longitudine ad aſſumptam collocata, maius quidem ſegmentum quod duorum trientum eſt faciet
ſupremam mediarum, minus uerò ſeu triens eius ultimam diſiun-

————————————————Vltima diſiunctarum
———————————————————— Adſumpta
————————————————Suprema mediarum

ctarum, ac in aliis, quæ ſimilem rationem capiunt ſimiliter, uerum
enimuerò iſta inuentio opitulatur inopiæ, quæ erat in cõtinuis ſub-
ductionibus, cum ſæpenumero poſſint ſubductoria permanere in
pluribus pulſationibus pro communibus duorum ſonorũ locis ictu,
pro his in utranque ſectionem accepto. Sed perplexius tamen red-
ditur compendium, ubi non coniunxerit cantilena communes ſonos,

ños, interim' dum differunt ipforum loca orta deliberatione, utro
utendum tanquam fane non admittat ea quæ pulfus caufa fit continua ratiocinatio moram aliquam, fed promptior futura fit præ ele-
ctione plurium ea, quæ recta ferie in unum eundemq; femper fit locum iniectio. Iam circa rationes diuifionis nihil planè aftruit, quod
experientiæ congruat, fed tria etiam hic genera conftituens, Diatonicum, Chromaticum, & Enharmonium : diuifiones in duobus
tantum generibus facit, nempe Chromatico Diatonicoq;, & folius
immutabilis complexionis : quin neque ipfarum rationes oportunè
accipit. Nam in tetrachordis eos, qui primum locum tenét fonos,
ad eos qui tertij funt iuxta fefquiquartam ponit rationem in utroq;
genere: fecundas autem in Chromatico iuxta fefquiquintam, in
Diatonico, iuxta fefquioctauam : ut fequentes differentiæ in ambobus generibus colligant fefquidecimamquintam rationem, mediæ verò in Chromatico fefquiuigefimamquartam, in Diatonico
fefquinonam contra experientiam quam fenfus præbet : nam & in
Chromatico genere earum quæ fpiffum continent rationum eam
quæ fequitur, maiorem facit media nó congruæ apteq; ad cantum
id fanè: & in Diatonico præcedentem rationem maiorem mediam,
cum oporteat contrarium facere, ut habet fimplex Diatonicum ;
præterea fequentes rationes duorum generum æquales facit, cum
oporteat maiorem effe in Diatonico. Ergo in omnibus quod non
exactè prouenerint per rationum fuppofitione illud in caufa fuit ꝗ
non prius perfpectus effet eorum quæ per ipfas conftituuntur, ufus
à quo folo liceat comparationes cum fenfus perceptionibus, & iu-
dicio accipere. Atque hanc ob rem confonantiarum quidem rationes quæ etiam per unam chordam examinari poffent iuxta partitionem in duo, rectè defumpfiffe uidentur, fed aptarum melo, feu cátui
uocum, quæ compofitione totius tantum complexionis confiderã-
tur, non rectè : quòd non liceat in una chorda exactè uidere & falsò admodum : redarguuntur enim aperte fiquis ex ipforum arbitrio
diuifiones inftituat in expofitis à nobis æqualiter tenfis octo chordis, quæ abundè iam feriem cantus indicare auribusqueant, ut di-
gnofcant quid genuinum, quid non. Ac fanè quò promptior fit nobis comparatio generalium ex noftra fententia diuifionum, & à fu-
perioribus traditorum in quotquot incidimus, proponemus particularem quandam harum affignationem in medio, Dorioq; tono
　　　　　　　　　　　　　　　　　　　　　　　　　　ad

ad indicationem folummodo expofitæ differentiæ. In uniuerfum ta
men ufi fumus diuifionum inftructionibus nó eodem, quo uetuftio-
res modo, fecantes pro unoquoque fono totam longitudinem in
defignatas rationes, quod operofa fit & difficilis pulfatu huiufmodi
dimenfio, fed à principio appofiti chordis canonij diffectione ufq;
ad futuram fub grauiffimo fono notam, in æquales & commenfu-
ratas magnitudine fectiones, iisq; apponentes eos, qui funt à principio ad acutum terminum facto fefquialteros numeros, per quot
fanè liceat particulas, ut conftitutos in propriis rationibus unicuiq;
fonorum à dicto communi termino in prompta habentes fubduca-
mus femper facilè in loca à canonio defignata diuifiones motorum
magadiorum. Iam quia numeros, qui communes generum differen
tias continent ad myriades afcendere contingit, unitatibus uniuer-
fis expletis ufi fumus proximis diuifionibus ufque ad primas unius
unitatis fexagefimas, ut nufquam plus una fexagefima unius in fectione canonij particulæ differant comparationes. Ad hæc autem,
ut grauioris in diffunctione Diateffaron diftantia ꞇ ꞇ ꞇ continet par
tes, quot Ariftoxenus fupponit, præterea quo termino confonantia
confectæ diuifiones in tetrachordo maius recipiente fegmentum
per numeros deprehendantur c x c quidem & ꞇ ꞇ fegmentorum
fupponimus longitudinem à communi fumpta termino in fonum
grauiffimum propofiti Diapafon x c ꞇ ꞇ ꞇ ꞇ, iuxta fefquitertiam rationem acutiorem ipfo per Diateffaron : quare & qui eft per Diapente acutior grauiffimo eorúdem ꞁ x x x fit iuxta fefquialteram ra
tionem, qui uero acutiffimum Diapafon ꞁ x iuxta duplam rationé,
ij uerò qui intermedij mouentur, pro cuiufque generis rationibus
congruos accipient numeros.

Expositio numerorum facientium ipsius Diapason diuisionem in immutabili Tono, necnon in singulis generibus. Cap. 14.

ADscripsimus autem canonia tria uersuum sanè unumquodq; Octonum, pagellarum ueró primum quinque, secundū octo, tertium decem, præordinatis omnium pagellis apposita serie sonorum. Primum igitur canonium côtinet Enharmonia genera : in prima quidem pagella secundum Archytam rationibus sesquiquartis & sesquitrigesimiquintis & sesquiuigesimiseptimis. In secunda iuxta Aristoxenum in distantia particularum 24 & 3, & 8 : in tertia secundum Eratosthenem in rationibus 15 ad 19, & sesquitrigesimaoctaua, & sesquitrigesimanona. In quarta secundum Didymum in rationibus sesquiquartis, & sesquitertiis, & sesquitrigesimissextis. In quinta secundum nos in rationibus sesquiquartis, & sesquiuigesimissertiis, & sesquiquadragesimisoctauis : secundum uero canonium continet sesquiuigesimamquartam.

Sequuntur tabellæ.

ENARMONII RATIONES
ex sententia. V. Musicorum.

Archytæ enharm.		Aristoxeni enharm.		Eratosthenis enhar.		Didymi		Ptolemæi	
60	70	60	70	60	70	60	70	60	70
73	70	76	70	74	70	75	70	75	70
77	8	78	70	~~72~~					
80	70	80	70	80	70	80	70	80	70
90	70	90	70	90	70	90	70	90	70
106	30	114	70	114	70	112	30	112	30
115	43	117	70	117	30	116	15	117	23
120	70	120	70	120	70	120	70	120	70

Chromaticorum

CHROMATICARVM RATIONES
ex sententia. V. Musicorum.

Archite Chroma ticum		Aristox. Chromaticon		Aristox. sesquialte ré chrom.		Aristox. Tonicum Chrom.		Eratosthe us Chromaticum		Didymi Chromaticum		Nostrum Chromat. molle		Nostrum Chromati cum intesu	
60	70	60	70	60	70	60	70	60	70	60	70	60	70	60	70
73	7	70	40	74	70	72	70	72	70	72	70	72	70	70	70
77	70	77	20	77	70	76	5	70	70	75	70	77	9	76	22
80	70	80	70	80	70	80	70	80	70	80	70	80	70	80	70
90	70	90	70	90	70	90	70	90	70	90	70	90	70	90	70
106	41	112	70	111	70	108	70	108	70	108	70	108	70	115	70
115	43	116	70	115	30	114	70	114	70	114	30	115	70	111	33
120	70	120	70	120	70	120	70	110	70	115	70	110	70	120	70

· DIATONICORVM RATIONES
iuxta. V. Musicos.

Archytæ Diaton.		Aristox. molle Diatonicum		Aristox. Intensum diatonum		Eratosth. Diaton.		Didymus Diaton.	
60	70	60	70	60	70	60	70	60	70
67	30	70	70	68	70	67	30	67	30
77	9	76	70	76	70	75	56	75	70
80	70	80	70	80	70	80	70	80	70
90	70	90	70	90	70	90	70	90	70
101	15	105	70	101	70	101	15	110	15
115	43	111	70	113	70	113	41	112	30
110	70	120	70	120	70	120	70	110	70

Nostrum distonicum		Nostrum Tonicum diatonicum		Nostrum Diatonicum diatonicum		Nostrum Intensum diatonicum		Nostrum aequale Diatonicum	
60	70	60	70	60	70	60	70	60	70
68	34	67	30	67	03	66	40	66	40
76	11	77	9	75	56	75	70	73	20
80	70	80	70	80	70	80	70	80	70
90	70	90	70	90	70	90	70	90	70
102	81	101	15	101	15	100	70	100	70
111	17	115	43	113	51	112	30	110	70
120	70	120	70	120	70	120	70	120	70

Expofitio

Expositio numerorum facientium in septem Tonis usitatorum generum dissectiones. Cap. 15.

HAc igitur nobis diuisiones ob oculos positæ sint ad solum (uti diximus) diiudicationem generalium differentiarū. Quod restat:ut mutationes Diapason in promptu habeamus , accepimus ad eundem modum cōstitutos numeros in singulis septem Tonis, & in recipiētibus usitatū cantus rationem generibus : & amplius, ut unūquodq; horum per totam altitudinem concinnari aptum est, uidelicet eius quidē, quod per se ipsum decantari potest uniuersaliterq; , numeros posuimus eos, qui à rationibus similis generis percipiuntur, eorum uero quæ cantātur iuxta particularem cum hoc mixturā, nisi quis uelit detorquerē, uimq; adferre eos, qui è cōmixtis rationibus proprijs temperamēti locis accommodati sunt,ut tantum non falsi uideantur & ipsi ultra quàm oporteat, excedentes modum, nimiamq́ue trahentes moram in exponendis communium generū diuisionibus. Ordinauimus ergo & hic canones x 1 1 1 1 ad tonorum numerum,uersuum quidam similiter singulos octonum, quot etiam sunt soni Diapason, pagellarum uero quinque iuxta multitudinē usitatorum generum . Continent autem superiores canones septem, numeros facientes id,quod à positione ultima disiunctorum est in grauius tractū Diapason ; inferiores uerò numeros faciētes quod à positione media disiunctārū est in grauius Diapason : ut habeamus à quocunq; libuerit principio congruas sonorum rationes . Præterea præcedētes quidē duo canones cōtinuat Mixolydiū tonū, Secūdi uerò Lydiū,Tertij Phrygiū,Quarti mediiq; Doriū,Quinti Hypo lydiū,Sexti Hypophrygiū,ultimi Hypodoriū.Ac pagellarū eæ,quæ primæ sunt in unoquoq; tono faciunt mixturā intensi chromatici & tonici Diatoni: Secūdæ mixturā eius,quod molle appellatur Diato ni,& tonici Diatoni:tertiæ sincerū tonicū Diatonū & per se sumptū: quartæ mixturā tonici Diatoni,& Diatonici:quintæ tonici Diatoni, & intensi Diatoni: apposito etiam numero ordinis sonorū primis pa gellis,inscriptionibus aūt fm tonū & genus suppositis in locis proprijs.Porrò adiecimus & his canoniū uersuū duodenū, pagellarū ue rò octo cōtinēs omnes simul collectas in unoquoq; sono numerorū differētias,ut manifestā nobis sit,quot nā sint loca,& quāta sit depre hēsa distātia in unoquoq; sono in oībus appositis mutationibus.

MIXTILTDII AB VLTIMA.

Mixtura Chromatici Intesi & Tonici diatoni		Mixtura mollis Diatoni & Tonici diatoni		Tonici Diatoni per se.		Mixtura Tonici diatoni & Diatonici		Mixtura Tonici diatoni & intensi Diatoni	
60	70	60	70	60	70	60	70	60	70
67	30	67	30	67	50	67	30	67	30
78	45	77	9	75	56	75	56	75	56
85	55	85	45	86	47	86	47	86	47
90	70	90	70	90	70	90	70	90	70
101	15	101	15	101	15	101	15	100	70
115	43	115	43	115	54	113	54	112	30
120	70	120	70	120	70	120	70	120	70

LTDII AB V-LTIMA.

60	57	60	57	60	57	60	70	59	16
63	13	63	13	63	13	63	13	63	13
71	7	71	7	71	7	71	7	71	7
82	58	81	70	80	70	80	70	80	70
90	30	90	80	91	27	91	16	91	16
91	49	91	49	91	49	91	49	91	49
106	40	106	40	106	40	106	40	100	11
121	54	121	41	121	51	120	70	118	32

PHRYGII AB VLTIMA

60	70	60	70	60	70	60	70	60	70
68	31	68	34	68	32	67	30	66	40
71	7	71	7	71	7	71	7	71	7
80	70	80	70	80	70	80	70	80	70
93	20	94	24	96	70	90	70	90	70
104	49	101	35	101	51	101	51	101	1
106	40	106	40	106	40	106	40	106	40
120	70	120	70	120	70	120	70	120	70

DORII AB VLTIMA

Mixtura Chromatici intiß. & tonici Diatonici		Mixtura mollis Diatoni & Tonici diatoni		Tonici Diatoni per se.		Mixtura Tonici diatoni & Diatoni		Mixtura Tonici diatoni & Intensi diatoni	
60	70	60	70	60	0	60	70	60	70
67	30	67	30	67	30	67	30	67	40
77	70	77	9	79	9	79	56	79	70
80	70	80	70	80	70	80	70	80	70
90	70	90	70	90	70	90	70	90	70
101	70	101	15	101	15	101	15	101	15
115	13	119	43	119	43	119	43	115	43
120	70	120	70	120	70	120	70	120	70

HYPOLYDII AB VLTIMA.

60	20	60	12	60	57	60	57	60	57
63	13	63	13	63	13	63	13	63	13
71	7	71	7	71	7	71	7	70	4
81	16	21	16	81	15	80	70	75	30
81	17	84	17	81	17	81	16	84	17
90	45	91	49	90	49	94	49	94	49

HYPOPHRYGII AB VLTIMA.

60	11	60	57	60	70	60	70	60	70
67	53	77	51	68	34	68	34	68	34
71	7	71	7	71	7	71	7	71	7
80	70	80	70	80	70	80	70	79	1
91	26	91	26	91	26	90	70	88	51
91	49	91	49	91	49	91	45	91	49
106	40	106	40	106	40	106	40	106	40
120	23	121	54	120	70	120	70	120	70

HYPODORII AB VLTIMA.

Mixtura Chromatici intenſ & Tonici diatoni		Mixtura mollis Diatoni & Tonici diatoni		Tonici Diatoni per ſe		Mixtura Tonici diatoni & Diatonici		Mixtura Tonici diatoni & Intenſ diatoni	
60	70	60	70	60	70	60	70	60	70
70	70	68	29	67	30	67	30	67	30
76	16	76	11	77	9	77	9	77	9
80	70	80	70	80	70	80	70	80	70
90	70	90	70	90	70	91	70	88	54
102	51	102	51	102	51	101	15	100	70
106	40	106	40	106	40	106	40	106	40
120	70	120	70	120	70	120	70	120	70

MIXTILYDIA MEDIA.

60	70	60	70	60	70	60	70	60	70
67	30	67	30	67	30	67	30	67	40
77	9	77	9	77	9	77	56	75	34
80	70	80	70	80	70	80	70	80	70
90	70	90	70	90	70	90	70	90	70
105	70	101	51	101	15	101	15	101	15
114	33	114	33	115	43	115	43	115	43
120	70	120	70	120	70	120	70	120	70

LYDII A MEDIA.

60	8	60	12	60	12	60	57	60	57
63	13	63	13	63	13	63	13	63	13
71	7	71	7	71	7	71	7	71	15
81	16	81	16	81	16	80	70	79	30
84	7	84	17	84	17	81	7	87	11
91	49	91	49	91	49	94	43	94	42
110	40	108	22	106	40	106	40	106	40
120	24	120	24						54

PHRYGII A MEDIA.

Mixtura Chromatici intēsi, & Tonici diatoni		Mixtura Mollis diatoni, & Tonici diatoni		Toni Diatoni per se		Mixtura Tonici diatoni, & Diatonici		Mixtura Tonici & diatoni, & Intēsi diatoni	
62	14	28	7	60	70	60	70	60	70
67	43	67	44	68	34	68	31	68	31
71	7	71	7	71	7	71	7	71	7
80	70	80	70	80	70	80	70	79	1
91	26	91	26	90	26	90	70	88	56
94	44	94	44	104	49	91	49	94	42
106	40	106	40	106	40	106	40	106	40
124	28	124	54	124	0	124	70	120	70

DORIA MEDIA.

60	70	60	30	60	70	60	70	60	70
70	70	68	31	67	30	67	70	67	30
76	19	77	11	77	9	77	70	77	70
80	70	80	70	80	70	80	70	80	70
90	70	90	70	90	70	90	70	88	51
102	51	102	51	102	52	101	15	100	70
106	40	106	40	106	40	106	40	106	40
120	70	120	70	120	70	120	70	120	70

HYPOLYDII A MEDIA.

56	12	56	12	56	12	56	12	56	
63	13	63	13	63	13	63	13	63	
77	45	72	15	73	7	71	7	71	
80	16	80	6	80	16	80	16	80	
84	17	84		71	7				
104	49	94			80	16			
108	22	108							
112	24	108							

Q

HYPOPHRYGII·A·MEDIA.

Chro-ufl & iatoni	Mixtura mollis Diatoni & Tonei diatoni	Tonei Diatoni per se.	Mixtura Tonei diatoni & Diatoni	Mixtura diatoni tenß Di.

HYPODORII A MEDIA.

SEQVITVR CANONIVM
.*continens omnium sonorum differentias.*

Enharmonion	Differentiæ		Molle entonum		Differentiæ
Sesquiquarta					
.1260 1575	315		Sesquioctaua 504	667	63
Sesquiuigesimaprima			Sesqseptima 648		81
1608	75		Sesquiuicesimase-		
Sesquiquiquagesima-			ptima 672	24	4
quinta 1680.	30				

Chroma molle	Differentiæ		Intensum		Differentiæ
Sesquidecimaquinta					
1260 1612	252		Sesquinona 504	560	86
Sesquidecimaquarta			Sesquioctaua 630		70
.1620	108		Sesquinona 672		42
Sesquiuigesimase-					
ptima 1680.	60				

Chroma Intēsum	Differētiæ		Aequale Diatonū		Differētiæ
Sesquidecimasexta					
1260 . 1470	1070		Sesquinona 18	10	20
Sesquigesimaprima			Sesquidecima 22		
1540			Sesquiundeci-		
Sesquiundeci-	140		ma 24		
ma 1680.					

Molle Diatonum.		Diatonum		Differentiæ
	Differentiæ	Diatonicum		
Sesquidecimaseptima		Sesquiquinta		
.504 576	72	192 256		24
Sesquinona 640	64	Sesquioctaua 243		27
Sesquiuigesima 672	32	Limma 256		13

De his quæ Lyra & Cithara canuntur.   Cap. 16.

QVam igitur in promptu sit diuisionem, & rationum communionumq; indicationem, illico à canoniis accipere, per hæc, in propatulo omnibus sane erit. Continentur autem illa quidem quæ in Lyra uocantur solida Toni alicuius à Tonici diatoni numeris eiusdem toni: quæ uerò mollia à numeris, qui sunt in mixtione Mollis chromatis eiusdem toni. Sed in Cithara tertias profectò continent hi, qui initium habent ab ultima Tonici diatoni numeri Hypodorici toni: quæ autem ὑπέρτατα uocantur, quasi ultra modos dicas, similiter Tonici diatoni numeris Phrygij toni continentur: Penesupremæ numeris mixturæ Mollis diatoni Dorij: modi denique numeris mixturæ chromatis Hypodorij. Cæterum uocata ab istis Iastiæoliæa continentur numeris mixturæ Diatonici diatoni Hypophrygij: Lydia autem numeris Tonici diatoni Dorij. Iam quia uisus est sonorum omnium acutissimus distare à communi termino L v partibus, grauissimus uerò quoniam oportet etiam à hoc segmentum relinqui Interuallum quoddam usque ad oppositum terminum, quod comprehendat semisses latitudinis, tam manentis magadis, quàm motæ: hac de causa retinentes, de tota longitudine quantum æquet dictas latitudines simul ambas, aut etiam amplius, reliquum partiemur in x x v quintas partes, ac sufficiet debita diuisio in 14 duntaxat quintis partibus, quæ continebunt inter extremos interceptas sonos partes L x x, uidelicet quot sunt à L v usque ad c x x v. Vtile uerò est etiam cum uerticillis, quibus fides intenduntur, æquali numero alia uerticilla statuere in oppositis canonis terminis, quo facilè in experiundo chordarum transferantur longitudines, puta si uerticillorum eas continentium hoc quidem relaxet, illud autem intendat: amplius, ut etiam in bipenni moueri queant in latitudinem canones, usus alterius gratia, quo una magade lata adhibita, motiones chordarum in latitudinem reddent proprios sonorum responsus. Nam diuisis iterum duobus canoniis æqualibus longitudine, magadibus manentibus, in subiectas inter extremos sonos partes, & apposito utroque magadum, utriq; secundum oppositionem in eandem partem æqualium numerorum, chordarum profectò iuxta latitudinem secessiones ostendentur ab
ipsis

ipfis omnium his, qui concordare poſſunt . Cæterum uerticilla ſi
ipſa quoque ſimul conſtituantur, ſoni ſuas conſeruant intentiones ꝓ
ſi uero moueantur, accidet chordas ex tranſlatione, in latera aliquando remiſſas, aliquando intenſas indigere rurſus reperenda à
principio in tenſiones æquales reſtitutione.

Finis ſecundi libri.

CL. PTOLEMAEI
PELVSIENSIS

Harmonicorum , *ſiue de Muſica liber tertius,*
Ant. Gogauino Grauienſi Interprete .

Quopacto uniuerſalis, tam indicatio, quàm inquiſitio rationum fiat per
quinque & decem chordarum canonem.   Cap. I.

T s i uideatur ſufficere ad propoſitam nobis indicationem ad Diapaſon tantù uſu progredi, quippe
cuius ambitu primo contineatur omnis cantilenæ
forma, quare ueriſimile eſt Diapaſon uocari, ideſt,
per omnia & non diocto , ſicut Diapente & Diateſſaron à numero continentium ipſas ſonorum :
tamen ſiquis abundantiæ gratia uelit explere canonem ad Biſdiapaſon complexionem, ad undequaque perfectam uarietatem com-
parandam, ut aſtruat octo ſonis ſeptem reliquos ad Diapente, quæ
in Lyra ſunt uſque ad Biſdiapaſon magnitudinem, licebit compendio quodam huiuſmodi quoque additionem aggredi, ut neque relicta circa acutiſſimos ſonos breuitas eos ad ſonandum difficiles red-
dat, neque adducenda canonia uſque ad Biſdiapaſon diuiſiones po
ſtulent : uidelicet ſi ſeparemus contenſionibus & grauitatibus chor
d arum utrunque extremi Diapaſon, ut à medio quidem ad acutiſſimum

mum uergentes graciliores octo sonos æqualiter tensos inter se inuicem setuemus in ea, quæ secundum mediam propriè adaptanda
erit contentione, reliquos uerò & crassiores septem rursus inter se
inuicem æqualiter tensos in ea,quæ ad assumptam capiebatur inten-
sione, ad oppositos autem Diapason facientes,quippe qua mediam
grauitate etiam excedit assumpta. Sic enim unius dunraxat Diapason intersectio duobus ordinibus quadrabit, efficiens & in singulis
uniuocis, quæ debent esse Diapason rationes. Siquidem enim intelligamus duos sonos in lógitudinis æquis diflâtiis:ut A B,& C D,
ac A B ipso C D, auctiorem per Diapason. Deinde æquales inter-

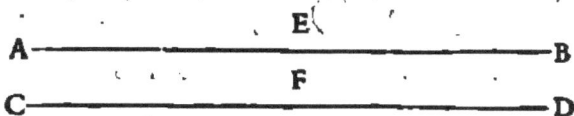

A ——————————————————————— B

E

F

C ——————————————————————— D

cipiamus A E & C F, etiam A E ipso C E erit Diapason acutior.
Omnino enim quia est, ut A E ad eum, qui ex A E, distantiam ius qui
ex A E fit sonus ad eum,qui ex A B,ut autem C D diflantia ad C F,
ita qui ex C F sonus ad eũ, qui ex C D, & uicissim : ut qui ex A E so
nus ad eum,qui ex C F, ita qui ex A B ad eum,qui ex C D. Quare
cum is, qui fit ex A B, eo qui fit ex C D, ponatur per Diapason acutior, etiam qui fit ex A E, eo qui ex C F erit per Diapason acutior.
Quod sanè in omnibus,qui septem interualla continent sonis in in-
strumento, continget eadem sectione, canonis utrisque apposita.
Ad hunc igitur modum adaptetur is quoque, qui æqualiter tensis
dunraxat infructus sit. Licebit autem exquisitè studenti debitæ, ut
fiant differentiæ sonorum in unoquoque genere còntrarium facere,
hoc est, quouis pacto quod ad contensionem attinet habentibus se
sonis constituere magadia ad unum aliquod genus toniq; diuisioné,
deinde adaptare auribus conuenienter his, quæ subiiciuntur. Hoc
enim semel facto translatis magadiis in alterius generis, uel Toni lo
ca, congruum erit, tum hoc, tum alia omnia ad eundem modum ,
dum, eo quòd primus ad congruendum apparatus æqualiter tensos
denuo in longitudinibus æqualibus sonos conflituit. Sint enim similiter duo soni A B & C D, & excipiantur in utroque inæqualia
segmenta A E & C F, congruant uerò sic,ut C F partis sonus ad eũ,
qui

qui ex A E fit, rationem habeat, quàm A E longitudo ad C F : dico
quòd etiam æqualia fegmenta fonorum æqualiter tenfa erunt. Ac-

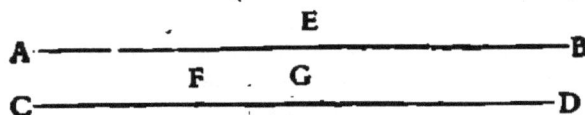

cipiatur enim ipfi A E diftantiæ æqualis C G, quoniam eft ut A E
diftantia, hoc eft C G, ad F C, fic qui ab F C fonus ad eum, qui ex
A E, propterea quòd ita congruere fecimus, & ad eum, qui fit ex
C G propter id quod ab initio pofitum eft eandem habebit ratione,
qui ex C F fonus ad eum, qui ex A E, & ad eum, qui ex C G. Aqua-
liter ergo tenfæ erunt A E & C G partes fonorum in æquis longitudinibus fumptæ. Manifeftum autem erit, & per ipfam experiétiam
fenfu cognitum quod demonftrauimus : conftitutis magadiis poft-
quam(ut diximus)congruent foni in loca comprehendentia omnes
diftantias æquales : inueniemus enim tum utrûque ordinem æqualiter tenfum fibi, tum ambos ad fe inuicem in Diapafon, ueluti in
priori modo fupponebamus tale quid . Neque quéquam moueat
multitudo fonorum, quandoquidem facultate & iuxta commune
fuppofitum nihil differunt ab uno, quod nifi omnino ipfis infit, aberret fanè uniuerfum negocium. Non enim id erat opus ipfius canonis una numero chorda, aut pluribus quidem, certam tamen habentibus multitudinem demonftrare concentuum rationes, uerum
fimpliciter per quotuis æqualiter tâtum extenfas chordas, ut fe præ-
beant nihil differentes ab una congruos caperet fola ratione fonos:
quod ipfum Mufici præftantes fanè cógruere, uel folis auribus per-
ceperint, maximè quia mutuam operam tradunt, & in idem confpi-
rant opificiorum naturæ,& certæ artis rationes, per confecutionem
uerò & obiter eius,qui per ipfam fit ufus caufa expetitur, quod præ-
fupponere oportet, tam ad inuentionem, quàm ad iudicationem
earum quæ fonis congruam exquifitè perficiant rationem. Modus
igitur canonis ufurpandi unius in quo chordarum fingulis magá-
dium unum fubiicitur, nullam habet offenfionem diuifa tota complexione in duas fimiles fectiones, ad aptandum omnes expofitas
differentias . Alter uerò in quo oportebit duas tantum magadas,

fubiicere

ſubiicere duobus ordinibus, id habet, ut ſæpenumero côtingat eas, quæ ad terminos magadum ſunt in media latitudine canonis chordas in aptationum ad altera tranſlatione comprehendere oppoſitos terminos magadum, neqʒ iam poſſe ſuas conſeruare longitudines. Quocirca eas duntaxat complexiones licet hoc pacto conficere, ubi aliter dictorum ſonorum unum eundemque in tranſlationibus aptationum obtinet locum: quod maximè uſu uenit in his, quæ Cithara canuntur, quibus etiam ſolis contentos eſſe oportet in expoſito continuarum magadum uſu, ut & uerticilla cómunium, & immobilium in ipſis ſonorum manere poſſint, quod ad latitudinem attinet immota.

Compendiaria rationes ad diuiſionem expediendam per ſolos octo ſonos uſque ad Biſdiapaſon.   Cap. 2.

INſtituatur autem ipſius Biſdiapaſon diuiſio etiam ſolis ab initio ſuppoſitis octo ſonis ad hunc modum. Intelligatur congruens cum tota longitudine canonium A B, ordinetur E & C ſigno, ut duplum fiat A C ſegmentum ipſius C B, & excipiatur in utranque partem, ipſius C uerſus quidem B ipſum C D, uerſus autem A ipſum C E, ita, ut D E totum unius magadij eorum, quæ mouétur, uel pau-

A ————————————————————————— B
        E   C   D

lo maiorem latitudiné recipiat: porrò E C duplum fiat ipſius C D, ut & reliquum A E, reliqui D B duplum maneat. Si uerò utrunque ipſorum B D & A E ſegmentorum diuidamus in eas, quæ uſque ad grauiſſimum ſonum pertinent partes ad A & D capientes numerorum initia, deinde duplam faciamus magadiorum ſubductionem in comparatione ad utrúque terminum Diapaſon, quæ iiſdem numeris cohibentur appoſitiones in unoquoqʒ ſono ſegmétum, quod ad A exiſtit eius quod ad B conſeruát rurſus duplum: quare & totum, quod eſt ad B Diapaſon acutius conſtituetur, eò quod ad A per Diapaſon. Sic igitur diuiſum eſt canonium. Quia uerò octo ſoni æqualiter tenſi ponuntur, neceſſe eſt acutiſſimos duorum Diapaſon iuxta ſemiſſes ipſorum A E & B D acceptos difficili & iniquo ſonitu conſtitui,

conſtitui, eũm maximè, qui ad B exiſtit cum proximis, ob breuitatẽ
facientium ipſos ſegmentorum obſeruabimus denuo, ut ſuperiores
quidem quatuor ſoni tum graciles ſint, tum inter ſe inuicem æqualiter tenſi, acutiores tamen inferioribus quatuor per Diateſſaron,
atque his æqualiter tenſis inter ſe mutuo ſeruatis : ita enim fiet uſq;
ad ſolam Diateſſaron in ambobus tetrachordi s à gra uiſſimo in acutum diuiſio, faciet uerò Diapaſon impoſitum ſimul ex incremento
in Diateſſaron ob longitudinem, ſimul ex incremento in Diapente
ob tenſionem. Intelligatur enim in altero tetrachordorum ſegmẽ
torum communes quidem termini in A B C D, ucrum in longitudinibus æqualibus ſonorum acuti ſſimus A E, quartus ab illo B F,&
quintus C G, octauus D H : acutiores uerò per tenſionem A E &
B F, quàm C G & D H per Diapente,& accipiantur æqualia ſegmẽ-
ta A K & C L, ut & ſeſquitertia ratione ipſis fiant B F & D H. Sub-
ductis autem magadiorum diuiſionibus ſub H L, F K ſignis per
Diateſſaron quidem acutiora nimirum erũt A K, quàm B F: & C L,
quàn D H : quandoquidem uerò & B F ipſo D H ponitur per Dia-

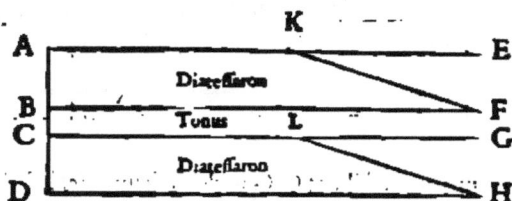

pente acutius & A K ipſo C L, quia & totum A E ipſo C G, & B F
ipſo D H, manifeſtum quòd & B F quidem quàm C L acutius erit
tono : A K uerò, quàm D H per Diapaſon. Similiter etiam in intermediis ſegmentis euenit, omnino acutiorum quatuor ſonorum diuiſione redacta ad Diapente rationes ſeſquialteras, præter eam, quæ
fit omibus conſtitutis æqualiter tenſis, ut quantum ex tenſione in
acutum adacta ſint, tantum ex longitudinis detractione in grauius
imminuta in earum, quæ erant à principio rationum quantitates re-
ſtituantur. Quocirca animaduertendum, ut cum acutiorum tetra-

R   chor-

chordorum sola accipimus, sesquialteros numeros eorum, qui ab
expositione designantur, inferamus in utroque uersus sumptas canonij diuisiones, quas etiam adiiciemus hic usque ad partes 132,
ut liceat eius, qui ad grauissimum existit ab acutissimo sonorum numeri continentis partes 88.89 sesquialterum excipere. Porrò magis etiam adaugebuntur longitudines acutiorum sonorum, si tota
Diapason acutiores reddamus dictos duos sonos iis, qui sub ipsis
sunt, ut accidat nunquam, quemadmodum prius ambobus tetrachordis utrunque constitui duarum Diapason, sed contra ab altera,
alteram, uidelicet acutiorem totam ab acutiore, grauiorem à grauiore sua ipsius diuisione in utroque opposita. Intelliguntur enim
proposita figura continere totam longitudinem alterius tetrachordorum, ac proponatur grauiores quidem ipsius Diapason 4 sonos
abscindere apud A B C D terminos, acutiores autè apud E F G H,
ac D H quidem diuiso in grauissimum, & acutissimum ipsius Dia-

Media	A			E	Pene media
Index mediarū	B	P	M	F	Tertia Diapa.
Pene suprema	C	Q	L	G	Penulti. dia-
mediarum					pason
Suprema med.	D	R	K	H	Vlt. diapason

pason, sequente uerò, scilicet C G in duos secundos, à dictis B F ue
ro in duos tertios ab illis, A E in duos quartos ab extremis, ut con
tineatur circulo series ab acutissimo grauissimoque per H G F E,
& A B C D. Si iam prædicti canonij ad utranque partem in prædi-
ctas duplæ rationis longitudines maius semper tantum legitimè
apponentes sonis permutatim, ut in primis quidem 4 numeris principium partium terminis H G F accommodantur minoribus à K acceptis, in alteris uero 4 à principio cum A B C D terminis coniun-
gantur minoribus, & hic ab A rursus sumptis subducamus magadia
in secutiones per numerum designatas, faciet nimirum, H K quidem tonus acutissimum ipsius Diapason, G L secundum ab illo,
F M tertium E N quartum, & rursus A O quintum, B P sextum,
C Q septi-

C Q septimum, D R octauum. Ac si adiungamus illi tetrachordū alterum accipientes, & in illo ex iisdem numeris constantem diui-

	Penemedia		Penemedia	
A	Tertia dil.	E Media		E Media
B	Penul. dil.	F Index mediarū		F Index
C	Vltim. dil.	G Penesupr. med.		G Pene
D		H Supre- ma med.		H

H		K Vlt. disiunctarum
G		L Penult. disiunc.
F		M Tertia disiunc.
E		N Penemedia
A		X Media
B		O Index mediarum
C		P Penesuprema mediarū
D		R Suprema mediarum.

sionem duo faciemus Diapason, æqualiter quidem ten sis ambobus tetrachordis, & ipsa æqualiter tensa inter se inuicem & ueluti du- pla, ambobus autem Diapason tensione differentibus : differunt & eadem magnitudine coniunguntúrq́; usque ad Bisdiapason. Quod igitur non amplius procedat hic post H K longitudinem in acutio- loca detractio, ut accidebat in priori instructione, aliis ibi acutissi- mis sonis superpositis, per se manifestum est. Perspicuum autem est quod solus quoque ad hunc modum prior usus concedi possit, non etiam qui per communes magadas accipitur. Nam cum in latitu- dinem distantiæ eædem necessario per totam longitudinem seruen- tur, ille quidem ordo rationes ab eisdem sonis comprehensas serua- bat erga utrúmq́; terminum easdem consequenter identitati distan-

tiæ eorum in latitudinem , quandoquidem ponebantur facientes
omnes in oppositis partibus Diapason, hic uerò omnino dissimili-
bus constitutis rationibus ab iisdem sonis iisdemque in latitudinem
distantiis utrouis uersus comprehensis neutiquam potest id, quod
consequens est excessibus ipsa per totam longitudinem similitudi-
ne continere. Ergo uerisimiliores instructiones per quas in dimi-
diis numerorum sonus duplorum complexiones diuidimus, tales
profecto quidam existunt. In uniuersum autem adducere oportet
expositos numeros in eum quidem usum,qui Diapason solo contentus est illos,qui ab ultima disiunctarum habet diuisionem, ut in mediis tensionibus accipitur cantus, in eum ucrò,qui Bisdiapason com-
plectitur eos,qui ab ultima excellentium,aut media expositi sunt,ut
ad ambo extrema & similia congruere queat. Cæterum id quoque
animaduertendum est, ut quamuis minor fuerit motarum magadum
latitudo quàm earum,quæ apud terminos manent, quod etiam conuenit, ne plurimam partem obtineant latitudinis, tamen curuitates
omnium æqualium circulorum faciant circumferentias; neque fiat
aliqua diuersitas ob eas quæ ~~~~ longitudines.
Intelligatur enim ~~~ canonis in A B recta & educantur ex ipsa ad

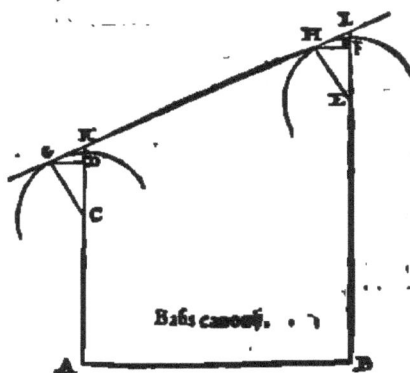

Basis canonis.

rectos angulos lineæ A C D,& B E F, centrisq́; C & E describan-
tur sementa circulorum secundum curuas magadiorum circumfe-
rentia

rentia ipfa G D, & H F,ut maior quoque fit B F quàm A D : perdu-
caturǫ; recta, quæ contingat circûferentias in G & A, linea H G,&
connectatur quidem G L & H E, fecetur uero G H à linea quidem
C D eiecta in k, à linea uero E F fimiliter eiecta in L , rectis autem
lineis fignatis per medium latitudinis magadiorum fpatium iuxta
D & F figna cadentibus,in quibus A D & B F eiectæ fint,& contractus chordarum iuxta D & F figna & apopfalmata conftituuntur .
Manifeftum eft quod & appofitio quidem canonij ad k & L terminos' comparata oftendet k L longitudinem, quæ uerò medio loco
inter ueros contractus & apopfalmata comparâtur,faciet G H,eftǫ;
æquiangulum ipfum C G k triangulûipfi E H L , quia & C k æqui-
diftat ipfi E L, & C G ipfi E H : quamobrem fanè etiam ficut fe habet E H ad C G, ita H L ad G k . Cum igitur æquales fint C G &
E H, hoc eft, cum æqualium circulorum fegmenta faciunt F H &
D G circûferentiarum, æqualis erit etiam H L ipfi G k , linea uerò
k L tota toti G H : quocirca nihil à uera differt accepta à canonio
diftantia : cum autem inæquales, non amplius feruabitur tale quid,
fed quoddam oftendetur fegmentum per diuifionem aliud ab eo,
quod eft fecundum naturam conftitutum, & fiquidem contingeret
huiufmodi diuerfitatem in omnibus fimpliciter fonis fub eandem
cadere rationem, quod fanè accideret,fi omnia magadia æquales fa
cerent ad terminos diftantias, nequaquam profectò in ufu difcri-
minis aliquid afferretur iifdem partibus auctis uel imminutis rationum in unaquaque chorda: quia uerò neceffarium eft omnino per
inæqualia facere fpatia ipfas magadium fubductiones, unde fequitur quòd exceffus in maioribus quidem diftantiis ftatuantur in diffe
rentiis minoribus, in minoribus uerò è contrario in maioribus ; nô
mediocriter fanè erretur, circa longitudines eorum, quæ in huiufmodi congrua cantus ratione funt fegmentorum nifi ad eum, quem
indicauimus modum faciamus magadiorum, tâ manentium, quàm
motorum pofitiones fubductionesque.

In quo

In quo genere ponenda sit Harmonica facultas, eiusque
scientia. — *Cap. 3.*

QVod igitur & usque ad aptas cantui uoces propriis instructa
sit rationibus congruentium natura sonorum, & quibus singuli, unde & pluribus demonstrasse mihi uideor, ut nihil iam amplius diffideant è suppositis recte ratiocinando collectæ ab exami-
natione ea, quæ per experientiam sit: hoc est à compédio nobis ex-
plicatis canonicis usus, ideo comparati,ut per omnes species depre
hendi sensuum possit ascensus. Cum uerò consequens sit hæc con-
templantem, tum admirari sanè extemplo, si quid aliud, inter pulcherrima Harmonicam-facultatem,ut maximè rationis participem,
& exquisitissimè inuenienté, faciétemq; propriarum specierum differentias, tum amore quodam diuino inductum desiderare etiam
genus illud ueluti intueri,& quibus aliis cognata sit in hoc modo
comprehensorum: experiamur in summa quàm maximè licebit, hu
ius quoque reliqua in per... ... ...
afferre ad ... ... huiusce facultatis magnitudinem. Rerum
igitur omnium usitata principia cum sint materia, motus & forma ,
ac materia ut subiectum & ex quo, motus autem ut causa & à quo,
forma denique ut finis & cuius gratia, Harmoniam non ut subiectû
esse demonstrandum est, efficientium enim quiddam est, nihilq; cû
passiuis commune habet; neque ut finem, quandoquidé ipsa è contrario quendam operatur finem, utputa concentum numeros le-
gesq, & ornatum canendi, sed ut causam quia subiectò conciliet
propriam formam. At sanè causarum supremarum tres cum sint mo
di, hæ quidem ad naturam, & ipsum esse solum, illa uerò ad rationé
& unum esse tantum, tertia ad Deum & unum perpetuoq; esse. Har
monica neque ad naturam refertur, quia ipsum esse subiectis non
conciliat, neque ad Deum, quia neque semper esse primario facit ,
sed nimirum ad rationem, quæ media interdictas cadens causas ,
utrique confert benéq; facit, diuinis quidem perpetuo assistens, ut
quæ semper eadem sint, naturalibus uerò neque omnibus, neque
omnino, ob contrarium: ac quia ad rationem relatæ causæ una est,
ueluti mens & diuinare specie, alia ut ars & ipsa constans ratione ,
alia ut mos & natura, in omnibus harmoniam inueniamus suum
cuique

cuique perficere concentum. Quippe ratio simpliciter, & in uniuerſum ordinis & commenſurationis eſt opifex, Harmonia uerò
propriè eius quæ in eorum genere, eſt quæ audiuntur, ut uiſiua eius
quæ in uiſili, & iudicatrix in intelligibili, præſtatque in iis, quæ audiuntur ordinem, quem Concétum peculiari nomine appellamus :
ac quia contemplando inuenit commenſurationes mentem reſpi-
cit, & quod manus opera eas oſtendat, artem : denique ob conſe-
quentem experientiam ad morem attinet : idque quod & in uniuerſum ratio inuenit rectè conſiderans, affirmat uerò deprehenſum cui
dentia, & ſimile ipſi fit conſueſcendo ſubiectum : ut merito etiam
communis ad rationem attinentium formarum ſcientia, quæ propriè Mathematica dicitur non contemplationi inhæret tantum pul-
chrorum, ut quidam fortè opinatur, ſed oſtenſione ſimul & medita-
tione, quæ ex ipſa conſequutione ei ſuppetunt inſtructa eſt : utitur
enim inſtrumentis, quemadmodum miniſtris huiuſmodi facultas ſu
premis & maximè mirificis ſenſibus uiſu & auditu, qui præ aliis po-
tiſſimè ordinati ſunt ad principem noſtri partem, at ſoli inter illos
non uoluptate tantum iudicant ſubiecta, quin multo ante honeſto.
Nam in ſingulis ſenſibus proprias quis inueniat ſenſilium differentias, ut in uiſilibus album & nigrum, exempli gratia, in audibilibus
acutum, & graue, in odorabilibus benè maleq; olens, in guſtabili-
bus dulce & amarum, in tangibilibus molle, uerbi gratia, & durum,
ac per Iouem, quod in unaquaque differentia commodum aut incô-
modum : boneſtum autem & turpe, de his quæ tactu, guſtu, odora-
tuq; percipiuntur nemo ſanè prædicet, de ſolis autem, quæ uiſu &
auditu, ut forma & concentu, aut rurſus de cæleſtibus motionibus
& humanis actionibus : unde fit ut & ſoli hi ſenſus mutuas tradant
operas in ſubminiſtrando ipſorum rationali animæ parti perceptiones, ſæpenumero tanquam re uera fratres effecti, uiſilia quidem ſolum oſtendente auditu per interpretationes, audibilia uerò ſolum
uiſu enunciante per deſcriptiones, & ſæpe euidentius utroq; quàm
ſimplex alter ſua interpretetur, ut quando ratione tradita, per deli-
neationes, aut notas facilius, tum diſcuntur à nobis, tum memoriæ
mandantur, ac uiſu cognita per poeticas enarrationes apparent im-
mitabiliora, ut undarum aſpectus & locorum ſitus, ac pugnæ, ac cir
cûſtantiæ affectionum, ut animum ſimul afficiunt enunciatarum rerum ſpecies, ac ſi uideantur. Non ergo tantum quia ſuum depre-
hendit

hendit uterque, uerumetiam quia certatim simul conferunt ad do-
ctrinam & contemplationem eorum, quæ sua cuiusque perficiuntu
ratione, aliis tum honestate, tum utilitate prælucent, quæque eor
respiciunt scientiæ, rationis quàm maximè participes sunt, quod ad
uisum quidem, & secundum locum mutationes attinet eorum, quæ
uidentur solum uidelicet cælestium, Astronomia; quod uerò ad auditum & secundum locum, rursus mutationes eorum, quæ solum au
diuntur, hoc est, sonorum, Harmonica quæ instrumentis profectò
utuntur minime dubiis Arithmetica & Geometria : ad quantitatem
& qualitatem primarum motionum ueluti concentus quidem, &
ipse è fratribus uisu audituq; genitæ, alumnæ uerò quàm proxime
sui generis, tum Arithmeticæ, tum Geometriæ.

Quod congruorum sonorum , seu modulationis facultas, omnibus etiam
perfectiore natura constantibus inest , apparet id uero
potissimum per humanas animas & cælestes
reuolutiones.   Cap. 4.

QVod igitur Harmonia facultas sit species eius, quæ ad rationem attinet causæ, quæ in motuum commensuratione uer-
satur, quodque eam contemplâs scientia Mathematices species sit,
quæ rationes audibilium contineat diuersorum, atque ipsa pertin-
gat ad concinnum è contemplatione, consecutioneq; his, quæ mo-
dificantur assuescûtq; illi comparatum ordinem, per hoc enarratum
esto. Iam uerò æquiore, liberalioreq; consideratione asserendum
est huiusmodi facultatem, necessario etiam omnibus, quæ principiis
in se motus habent, quodâtenus inesse, quemadmodum & alias,
maximè tamen plurimumq; his, quæ perfectiorem & cum maiori ra
tione sortita sunt, naturam ob ortus familiaritatem, in quibus etiâ
solis uideri potest omnino & manifestè seruans quàm potest exquisitissimè similitudinem earum, quæ congrui & consoni in differentibus formis opifices sunt rationum. Omnino enim quæ natura gu-
bernantur singula rationis cuiusdam participia sunt in motibus &
subiectis materiis, quæ ubi seruari potest pro commensuratione in
his, & generatio, & educatio est salusq; & uniuersum quod de me-
liori prædicetur, sed in quibus propria facultate destitui eandem
contingit his contraria iam dictis omnia, & ad peius uergentia : uerum

rum in motibus ipfam materiam alterantibus non confpicitur, nec
qualitate eius, nec quantitate propter inconftantiam definita, fed
in his, quæ plurimum in formis uerfantur, qui funt perfectiore (uti
diximus)& rationis capaciore natura præditorum, quemadmodum
in diuinis cæleftium, in mortalibus humanarum potiffimè animarũ,
quod folis utrifque iam dictis cum prima abfolutiffimaq̓: motione,
uidelicet ea, quæ fecundum locum fit etiã rationalibus effe contingit : præfeferunt autem & demonftrant, quantum hominis accipere
licet, inftitutam ad harmonicas fonorum rationes gubernationem :
ut uidere integrum erit partiliter utranque fpetiem diuidentibus,
ac primum in humanis animis, quemadmodum congruant confoni
fonis primis animæ differentiis cum propriis formis. Sunt igitur pri
mariæ partes animæ tres, intellectiua, fenfitiua, & cui habitudo ipfa
tribuitur corporis, feu uegetatiua : primæ autem uniuocarum & con
fonantium fpeties tres, Diapafon uniuocum & confona, tum Dia-
pentetum Diateffaron : ut etiam quadrent Diapafon quidẽ intelle -
ctiuæ, plurimum enim utrobique fimplex & æquale & indifferens ,
Diapente uerò fenfitiuæ, Diateffaron uegetatiuæ : ipfi enim Diapafon propinquius eft Diapente, quàm Diateffaron, ut pote confonantius, propterea quòd exceffum uiciniorem habet æqualitati : & in-
tellectiuæ, fenfitiua propinquior eft, præ ea, quæ habitudinis eft :
quòd & ipfa quiddam cum illa habet mutum. Ad hæc quemadmodum in quibus habitus non omnino fenfus, neque in quibus fenfus,
& mens omnino ; contra in quibus fenfus, & habitus infunt omnino, & in quibus mens, etiam habitus & fenfus planè : fic ubi Diateffaron non omnino eft Diapente, neque ubi Diapente & Diapafon : omnino uerò contra ubi Diapente, & Diateffaron omnino, &
ubi Diapafon & Diapente, & Diateffaron omnino : quia hæc quidem imperfectiorum funt concentuum & concretionum propria ,
illa uerò perfectiorum. Iam uegetatrix animæ portio tres uideatur
continere fpeties, quot ipfius quoque funt Diateffaron pro incremento uigore & declinatione, hæ funt enim primæ eius facultates :
fenfitiua quatuor, quot & Diapente confonantiæ. uifum, auditum,
olfactum, & guftatum. Si quidem tangendi uim quafi communem
ponamus omnibus, quando eo quod tangant, fenfilia, quoquomo-
do reddunt ipforum perceptiones. Rurfus intellectiua feptem, quæ
maximè differant ; quot etiam Diapafon fpeties funt ; imaginatio-
                                                        S   nem,

nem, ob senfilium fanè traditionem, mentem ob primam impreffio-
nem, memoriam qb imprefforum detentionem, dianæam ob difcur
fum & inquifitionem, opinionem ob ea, quæ in fuperficie fe offert
uerifimilitudinem, rationem ob rectum iudicium, fcientiam denique ob ueritatem & deprehenfionem. Amplius alio quoque modo diuifa anima noftra in rationalem irafcibilemq; & concupifcen-
tem: rationalem quidem ob fimiles iam dictis æqualitatis caufas,
accommodamus merito Diapafon: irafcibilem ei quodammodo
affinem Diapente, concupifcibilem fubtus ordinatam Diateffaron,
etenim & alia ob dignitates, feq; mutuò continentes ambitus accidentia fimiliter, in his quoque accipiantur: & propriarum fingulis
uirtutum manifeftiores differentias totidem, inueniamus iterum
quot figillatim fpecies primarum confonantiarum, quando in fonis
quoque canorum uirtus eft quædam ipforum, inconditum & abfonum, uitium: & uiciffim in animis uirtus quiddam eft in ipfis canorum, abfonum contra uitium, & commune in ambobus generibus,
tum congruum generum in eo quod utriq; fecundum naturam exiftit, & incongruum in eo quod ~~partes uariarum~~. Olim uerò concupi
fcibilis quidem tres fpecies uirtutis, qui numerus eft & Diateffaron
confonantiæ, temperantia in contemptu uoluptatum, continentia
in fufferenda inopia, uerecundia in uitandis turpibus: at irafcibilis
4 uirtutis fpecies, ut in Diapente confonantia; manfuetudo quidé
uetans, ne ab ira tranfuerfi rapiamur, fecuritas, ne percellamur ab
impendentibus malis, fortitudo in defpiciendis periculis, tolleran-
tia in perferendis ærumnis. Septem uerò ad rationalem attinentis
uirtutis fpecies fint fanè, acumen circa agilitaté, ingenium quo rem
acu tangamus, folertia in contemplando, fapientia in agendo, experientia in exercendo. Rurfus quemadmodum in confono præcedere oportet uniuocarum accuratam pofitionem, fequi confonantium, & aptarum melo uocum, utpote breui difcrimine non adeo in
minoribus rationibus concentuum impediente, ut in maioribus &
principalioribus; ita in animis quoque principem locum natura
obtinent pars intellectiua & rationalis, præ cæteris & fubditis ma-
iorisq; operæ & curæ indiget ad id, quod fi fecúdum rationem, cum
& illorum peccata omnia, uel plurima apud fe habeant. Sic omnino
potiffima animæ difpofitio, quæ Iuftitia eft, cófonantia quædam eft,
quemadmodum partes ipfæ inter fe habent inuicem iuxta eam, quæ
                                                              in

in principalioribus eſt præcedentem rationem, bona quidem mens
rectaq; ratio ſimiles ſunt uniuocis, ſenſus uerò bonitas & habitudinis, fortitudo item & temperantia conſonis. porrò actiua,quæ harmoniis inhærent,referuntur ad concentus ſpecies,tota denique phi
loſophi diſpoſitio toti abſolutæ conſtitutionis harmoniæ ſimilis eſt,
partilioribus quidem comparationibus ordinis ſecundum conſonantias ipſas & uirtutes, at perfectiſſima ſecundum conſtitutam ex
omnibus conſonantiis, omnibuſque uirtutibus conſonantiam quā-
dam, & uirtutem, ueluti uirtutem & conſonantiarum,tum in cantu,
tum in anima.

*Comparato conſoni generum & eorum quæ primarias uirtutes
complectuntur.*   Cap. 5.

IAm & in altero uirtutum principio, uidelicet quod ad contemplationem actionemq; pertinet tria cum ſint genera, in contem-
platiuo quidem naturale, Mathematicum & Theologium; in acti-
uo autem Morale Oeconomicū, & Politicum; quæ ſane nihil facultate differant; communes enim trium generum uirtutes ſunt & in-
hærens ſibi inuicem, magnitudine uerò, & dignitate, & apparatu
differentes; comparetur ſane quàm proprie utrunque tripartitum
genus cū harmoniæ uocatis æquiuocè tribus generibus,dico Enhar
monio Chromatico & Diatonico magnitudine quadā ipſis quoq;
& exaltatiore contractiorq; molle differentibus : nempe tale quid
& ſitu & facultate præ ſe ferunt ſpiſſum in iis & non ſpiſſum. Enhar
monium igitur cum naturali & morali comparandum eſt propter
cōmunem præter alia magnitudinis imminutionem; at Diatonicū
cum theologico & politico propter ordinis & magnificentiæ ſimilitudinem: Chromaticum deniq; cum Mathematico & Oeconomi-
co propter mediocritatis erga extrema cōmunionem: etenim Mathematicum genus plurimum uerſatur, & in naturali, & in theologico: & oeconomicum particeps eſt & moralis, priuati ſubditiq́ue
ratione, & politici reſpectu communitatis, & principatus: ac chromaticum coniunctum eſt quodammodo, & cum remiſſione ea, quæ
enharmonij eſt mollitiæq́ue, & cum ea quæ diatonici eſt inuerſione
contemplationeq́ue, ſitq́; erga alterum, erga utrunque illorum, ut

SImili profectò ratione congruent tonorum in complexionibus mutationes, animarum ob uarios uitæ status mutationibus. Vt enim in illis licet genera seruentur eadem, fit tamen in cantu uariatio quædam, eo quod loca per quæ efficiuntur differant, & contiguos familiaresꝙ; eccipiant transitus, sic & in uitæ mutationibus cædem animorum species affectionumꝙ; uertuntur, quodammodo in conuersationes dissimiles accedūtꝙ; moribus per tempore se offerentium rerum publicarum, ad aptiores ipsis constitutiones : quale quid euenit etiam circa legum lationes ipsas : refixis non raro legibus, aptarisꝙ; ad proprias præsentibus fortunis iurisdictiones . Sicut ergo pacis tempora ad quietem & æquitatem, maiorem flectūt animos ciuium, contra ~~qnna~~ ~~ad~~ ~~bellicam~~ ~~&~~ ~~despectum~~, item inopia & caritas annonæ ad continentiam & parsimoniam, affluentia & copia ad liberalitatem & luxuriam : inꝙ; aliis similiter : ad eūdem modum in harmonicis mutationibus eadem magnitudo in acutioribus quidem tonis uertitur in exactiorem, in grauioribus uerò ad contractiorem : quippe acumen in sonis compactius est : grauitas remissior : quare merito etiam hic medios quidem tonos, & ad Dorium attinentes comparemus cum mediocribus, & constitutis bene moribus uictuꝙ; : acutiores autem & ad Mixtumlydium pertinentes cum agibilibus & uehementioribus : grauiores denique & ad Hypodorium cum remissis & segnioribus . Igitur & effectionibus ipsis modulationum afficiuntur simul nostræ euidenter animæ cognationem, ueluti agnoscentes suæ constitutionis rationum & moribus quibusdam ei impressis, qui accómodati sint propriis cātuum formis, ut aliquando in uoluptates & effusiones ferantur, aliquándo in miserias & angustias : & unum quidem frui, quodammodo & cubare, nunc inhiare & excitari uideamus, nonnunquam ad quietem & remissionem se dare : est cum ueluti œstro per cieri & numine afflatas furere, alias aliter, tum cantu ipso mutato, tum animos transferente

ferente in eas, quæ ex proprietate rationum conflantur affectiones. Quod, ut puto, cum Pythagoras quoque deprehendiffet admonuit matutino fimul atque furrexerimus antequam actionem aufpicemur aliquam, mufica uti cantuq; blando, ut ab excitatione à fomno relicta in animis perturbatio prius ad ftatum fincerum & manfuetudinem ordinatam conuerfa, recte congruas ipfas & confonas ad diurnas fectiones præparari finat. Mihi etiam uidetur inde quod Deos cum mufica quadam inuocari,& cantu ueluti hymnis,tibiisq; aut ægyptiis triangulis, fiue fiftris confueuimus, oftendi nos cum manfuetudine benigna illos, ut exaudiant uota adhortari.

De fimilitudine perfecta complexionis & figniftri circuli. Cap. 7.

QVantum igitur humanis animis cum harmonia commertij fic per hæc ob oculos expofitum fit, quandoquidem, ut uno uerbo dicam, inuenimus bonos congruofque fonos ordinatos effe ad primas partes animarum, ac concentuum fpeties ad fpeties uirtutũ, denique per genera tetrachordorum differentias refpondere fingulis pro dignitate & magnitudine generibus uirtutum, poftremo tonorum mutationes uarietatibus morum in occurrentibus uitæ circũftantiis. Cum uero reliquum fit aftruere etiam cæleftium fuppofitiones iuxta harmonicas confectas effe rationes, una quidem nobis eft tractatio communis omnium aut plurium, alia uerò quædã propria fingulis partiliter fumptis: ac prima nobis fit communis inde exorfis, primum enim ipfum hoc quod motu diaftematico,ideft, per interualla feu loca, folo rum foni terminantur, tum cæleftium la tiones: nulla earum, quæ fubftantiam alterent ipfum confequente mutationum, quafi abfoluit propofitum: deinde q tum cæleftium reuolutiones circulares funt omnes & ordinatæ, tum harmonicarum complexionum reftitutiones eodem habent pacto, quandoquidem ordo & tenfio fonorum in recta quafi linea uideatur progredi, fed facultas & ipfum quodammodo fe habere inter fe mutuo,quod fane proprium eft ipforum, terminatur & concluditur ad unam eandemque reuolutionem iuxta circularis motus rationes, ac fi natura quidem neque hic aliquod fit initium, fitu uero tantum in contigua loca, alias aliter transferatur. Siquidem igitur quis per media ductum figna circulum fecans ratione ad alterum punctorũ
æqui-

æquinoctialium, & ueluti explicans, adaptet Bisdiapason perfectæ
complexionis iuxta æquales longitudines, quod quidem non dif-
sectum est æquinoctiale punctum respondebit mediæ, dissecti uerò
unum extremum assumptæ, alterum ultimæ excellentium : si etiam
Bisdiapason in circulum inflectas potétia, connectasq; ultimam excellentium assumptæ, duos sonos uniens, opponetur quidem huius
modi commissura mediæ nimirum è diametro, erit uerò erga ipsam
in Diapason uniuoca. Quin dictæ comparationis ratio colligitur
hinc etiam, quòd similia accidant diametro in circulo statui his, quæ
in Diapason ostensa sunt : etenim dupla ratio in ipso continetur totius circuli ad semicirculum, & plurimum æqualitates præ aliis, tum
quod circuli per centrum solam necesse est cadere diametrû, quod
principium est in figura æqualitatis, cum quòd aliter perductæ lineæ,
& si circûferentiam totam in æqualia diuiserint quoquo modo, non
tamen planum totum, at diameter, & ipsum, & circûferentiam similiter : unde qui è diametro fiunt stellarum signiferi aspectus effi-
catiores sunt aliis, quéadmodum & inter sonos, qui erga se inuicem
Diapason reddunt.

*Quomodo Musica consonantia & dissonantia similes sint, iis quæ
in signifero . Cap. 8.*

RVrsus uerò quemadmodum concentuum consonantiæ usque
ad quadripartitum sectionem constituuntur eo, quod maxima
Bisdiapason quadruplam minoris, minima autem & Diatessaron
maiorem faciat quadrante sui excedere minorem, eodem pacto &
in signifero deprehensos & efficaces status absoluunt circuli qua-
ternario contentæ partitiones. Si enim exponemus circulum A B,
eumque diuidamus ab eodem puncto, ut A in duo quidem æqualia
A B, in tria uerò æqualia A C, in quatuor uerò æqualis A D, in sex
æqualia C B : ipsa A B circûferentia faciat diametrum statum, A D
quadrangulum, A C triangulum C B sexangulum, & comprehen-
dent rationes ab eodem puncto, uidelicet rursus A sumptarum circûferentiarum, tum uniuocorum, tum consonantium, ad hæc tonicam quoque, ut uidere integrum erit supponentibus circulum seg-
mentorum duodenû, eo quod primus sit numerus hic eorum, qui se-
missem, & trientem, & sextanté, quadrantemq; habeant : erit enim
corûdem

eorūdem ipfa quidem A B D circūferentia nouem, A B C circunferentia octo, & rurfus A C B femicirculus fenum, A D C circūferentia quatuor, A D circūferentia trium, C B duorum, reddentque
fegmenta duplam quidem rationem, primi uniuocorum, uidelicet
Diapafon tripliciter, nam & totius circuli duodecim ad fex femicirculi, & in A B C circunferentia octo ad quatuor in A C, & fex in
A C B, ad tria in A D. Sefquialteram uerò rationem maioris primarum confonantiarum, hoc eft Diapente, rurfus tripliciter ; totius cir
culi duodena ad octona in A B C circūferentia, & nouem in D A B
circūferentia ad fex in A B, & fex in A B circūferentia ad quatuor
in A C. Sefquitertiam minoris primarum confonantiarum, hoc eft
Diateffaron iterum tripliciter, puta totius circuli duodecim ad nouem in A B D, circūferentia ; & octo in A B C circūferentia ad fex
in A B, feu femicirculo, & quatuor in A C circūferentia ad tria in
A D. Præterea triplam rationem Diapafon & Diapente confonantiæ reddent tripliciter quoque totius circuli duodecim ad quatuor
in A C circūferentia, & femicirculi ad duo in C B circunferentia, &
nouem in A B D circūferentia ad tria in A D. Quadruplam uero
Bifdiapafon uniuoci dupliciter, puta totius circuli duodecim ad tria
in A D circūferentia, & octo in A B C circūferentia ad duo in C B :
amplius eam, quæ eft ut octo ad tria rationem Diapafon, & Diateffa
ron confonantiæ femel, nempe octo in A B C circūferentia ad tria
in A D. Poftremo fefquioctauam toni rurfus femel nimirum nouem in A B D circūferentia ad octo in A B C, ut fe habent appofi-
torum defcriptioni numerorum differentiæ. Ordinetur autem ex
ipfis quoque Diapente, quæ primarum una eft confonantiarum ad
triangulum ftatum. Diateffaron ad quadrangulum, & Tonus ad par
tem duodecimam, eo quod circulus ad A B femicirculum reddit du
plam : hic ad A C trianguli circūferentium fefquialteram : hæc uerò ad A D quadranguli circūferentiam fefquitertiam : exceffus eorum eft, qui pro tono quoque eft, C D circūferentiæ circuli uncia.
Non temere igitur duodenum partium natura conftituit fignorum
circulum, quòd Bifdiapafon abfoluta complexio duodecim tonorū
fit proxime, & tonum congruere uoluit duodecimæ parti circuli.
Mirum etiam in modum quæ duodecima parte, tamen diftant figna
in fignifero minime confona funt, fed tantum in canori genere :
contra unciis quinque diftantia figna in genere incōditorum incon-
iuncta

iuncta dicuntur & funt potentia,quia ad duas circũferentias à fub-
endente duodecimam circuli partem recta linea, factas,ipfe circu-

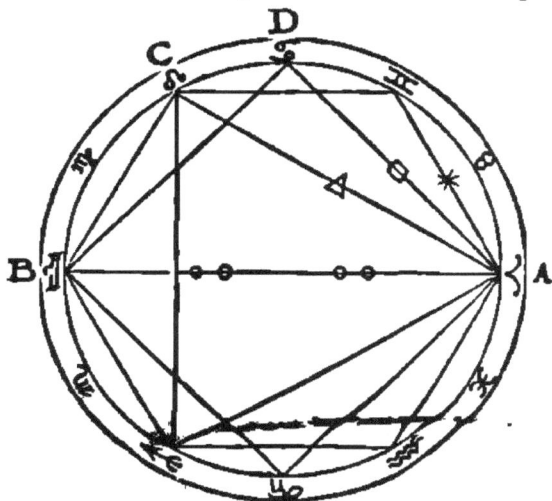

Diapafon feu dupla ratio tripliciter
　　refpondet :
　　　　　　　　　　　　　　Vel
　　　Totius circuli ad dimidium
　　　A B C ad A C, népe 8 ad 4.
　　　A C B ad A D, fex ad tria.

Diapente feu fefquialtera , item tri-
　　pliciter :
　　　　　　　　　　　　　　Vel
　　　Totius circuli, feu 1 2. 8
　　　D A B, ideft, 9 ad 6
　　　A B, ideft, 6 ad A C, ideft 4.

Diateffaron feu fefquitertia , item
　　tripliciter :
　　　　　　　　　　　　　　Vel
　　　Totius circuli ad A B C D,
　　　feu 1 2 ad 4 in A B D.
　　　A B C ad A B, ideft 8 ad 6.
　　　A C ad A D, 4 ad 3.

Diapafon & Diapente, item tripli-
　　citer, Bifdiapafon uero dupliciter
　　Tonus femel .

Ius facit rationes,quæ funt duodecim ad unũ,uel 1 1 quç alienæ funt
à confonantibus, non tamen à canoris : ad factas uero duas circũ-
　　　　　　　　　　　　　　　　　　　　　　　　　ferentias

ferentias ex linea fubtendente quinque duodecimas, partes quæ
funt 1 2 ad 5, uel 7, funtq́; tam à confonátibus, quàm à canoris alienæ. Neque enim funt trientes, neque multiplices, neque componū-
tur è quibufdam habentibus familiaritatem cum confonantiis.
Accedit ad cumulum omnium congruentium, quod inter duodecimas circuli partes fignorum quadrangulorum, fane fpecies tres folum accipiuntur, quot in Diateſſaron quoque funt confonantiæ,
quia folis his contingit inter confonantias eſſe incompofitis. Quæ
igitur ipfam circularem motionem refpicit contemplatio pro ambabus harmoniis : & communiter uocatæ, tum confonæ, tum diſſo-
næ figuræ hactenus definitæ fint, ad primas autem differentias cæleſtium motuum quæ pertinent deinceps confiderandum.

Quod motui ſtellarum in longitudinem fonorum ſucceſſio ſit
ſimilis.   *Cap.* 9.

C Vm autem tres hi fint motus unus antrorfum, aut retrorfum,
& in longitudinem quo ab ortu in occafum digrediuntur, &
contra : alius in humiliora, aut fublimiora, & in profunditatem quò
à terra remotiores, eiq́; uiciniores fiunt. Ad hæc tranfuerfim & in
latitudinem quo boreales, & meridionales magis tranfitus fiunt.
Primum quidem & in longitudinem optimè comparemus ei, qui in
acutiores aut grauiores fit fonus : nam fucceſſio fimilis eſt in utroq́;
motu : quin & orientales quidem occiduasq́; partes grauiſſimis ten
fionibus, meridianos uero acutiſſimis. Nam orientales apparitiones occiduæq́; principium contineat & finem uifionum : illud quidem ut ab afpectus priuatione. hunc autem ad eiufdem priuationē :
& grauiſſimæ acutiſſimeq́ue tenfiones principium tenent uocis fi-
nemq́ue, illud ut à filentio, hoc ut ad filentium : quia grauiſſimum
proximum eſt occultationi uocis, acutiſſimum contra remotiſſimū :
quare qui uoci exercendæ ſtudent à grauiſſimis fonis incipiunt canere, & finem facturi in eofdem definunt. Medij uerò cæli fitus, ceu
plurimum ab occultationibus diſtantes ad acutiſſimos referat quis
fonos, utputa à filentio remotiſſimos. Amplius, quia grauiſſimos fo
nos inferiora reddunt loca, acutiſſimos fuperiora : ideo & grauiſſi-
mas tenfiones, abilibus trahi dicimus, acutiſſimus à temporibus :
funt autem ortus & occafus humillimi, contra meridiani litus altiſ-

                                                      T   fimi :

simi: hi merito comparentur cum acutiſſimis ſonis, illi cum grauiſſimis: quare & in meridiem motus ſtellarum reſpódent iis, quæ à gra
uioribus in acutiores fiunt ſonorum tranſlationes, à meridie uerò
iis, quæ ab acutioribus in grauiores.

Quo pacto motus ſtellarum in profunditatem comparantur cum gene-
ribus in harmonia. Cap. 10.

POrrò fecundam differentiam & à profunditate acceptam, ſimiliter ſe habere inueniemus, ac eam, quæ eſt uocatorum in Harmonia generum. Quippe hæc tres item ſpecies habet Enharmo-
niam, Chromaticam, & Diatonicam ſeparatas quantitate uſurpa-
tarum in tetrachordis rationum, ſicut illa tres ſpecies receſſuum
pro minimq̃ medio, & maximo dimenſas, & ipſas quátitate curſuû.
Ergo quæ iuxta medios receſſus fiunt itinera, medios ubique te-
nentes curſus proxime comparentur cum chromaticis generibus,
quia & in his Lychani, ſiue Indices media tetrachorda ſecant: quæ
uerò iuxta minimos, ﾠﾠﾠﾠﾠﾠﾠﾠﾠ & terra longinquiores conſequantur receſſus ſeu propinquiores, cum enharmoniis: quia ambo duo
interualla reliqua faciunt minora iuxta appellatum non ſpiſſum genus: quæ demum iuxta maximos motus, ſiue iterum longinquiores receſſus, ſiue conſequantur terræ propriores cum diatonicis,
quia neutiquam in ipſis duo interualla reliquo fiunt minora, ut in
ſpiſſo uocato genere, & quia omnino Enharmonium quidem genus & curſuum minimus contrahunt, ut illi cantum, ita hi ſeueritæ-
tem: contra diatonicum maximusq̃ curſuum expandunt chromaticum, denique genus & curſus medius medium inter extrema mu
tationes locum.

Quod in latitudinem itineribus ſtellarum congruunt mutatio-
nes tonorum. Cap. 11.

AT tertiam & reliqua m cæleſtium motuum differentiam, puta in latitudinem ac commodabimus mutationibus iis, quæ
fiunt in tonis, quia neque h ic ulla ſequitur generum tranſgreſſio ob
tonorum uariationem, neq ue illic reperitur inæqualitas ulla in cur-
ſibus ſenſu notabilis ob itinera in latitudinem. Comparandus autem

tem & inter hos Dorius tonus, ut maxime inter cæteros medius cũ
mediis in latum itineribus, & inſtar æquinoctialis quaſi in unaquaque ſphæra ordinatis. At Mixtuslydius & Hypodorius, ut extremi
cum maxime in boream & auſtrum uergentibus inſtar tropicorum
quaſi intellectis : reliqui quatuor toni dictorumq́; medij cũ iis, quæ
inſtar medio loco inter tropicos & æquinoctialem cadentium pa-
ralellorum ſunt, quatuor ipſis quoque conſtitutis pro diuiſione obli
quorum circulorum in duodecim,quot ſigniferi ſunt unciæ : etenim
quaſi tropicorum punctorum utrunque unum faciet paralellum:
ſed æquali ab utrouis horum utrinque diſtantia duo puncta, rurſus
unum eundemque : ut quinque iam colligantur iuxta untiarum interualla coniugationes, perq́; ipſas ducti paralelli quinque : omnes
autem cum duobus tropicis ſeptem quot etiam ſunt mutationes to
norum. Porro acutiores in Dorio tono propter cantus ſublimitaté
ordinabuntur cum iis, quæ ad eminentem fiunt polum itineribus &
æſtiuis, ſcilicet ubi borialis eminet uertex, cum his, quæ ad urſam,
ubi uerò auſtralis cum oppoſitis.

De ſimilitudine rationis tetrachordorum & aſpectuum uerſus
ſolem .   *Cap. 12.*

Q Vi uerò reſtat ordo tetrachordorum & tonorum in perfecta
complexione, reliquo aſpectuum ad ſolem ordini ſimilis uidebitur, diſiunctos quidem tonos accommodando interuallis, quæ
ſunt ab occultatione, iisq́; ad apparitiones & acronyctis, aut pleni-
lunaribus : eos uerò ſonos, qui cónectunt duorum tetrachordorum
coniugationes, puta mediarum ſupremæ & ultimæ diſiunctarũ conferendo cum quadratis utrinque acceptis conſtitutionibus,ut in luna cum diuidua exiſtit, qua ratione ab ortu cuiuſque & ad primam
corniculatam lunam configuratio comparetur cum tetrachordo ſupremarum, eo quod principium commune ſit, tum ortus, tum gra-
uiſſimorum ſonorum : ſequens autem configuratio . & ueluti cum
gibboſa primum luna apparet conferatur cum tetrachordo mediarum. Rurſus quæ fit uel ab oppoſita apparitione, ut in Mercurio &
Venere, uel acronyctos configuratio ſecundum reliquas tres errã-
tes ſtellas, uel in oppoſitione lunæ comparetur tetrachordo diſiunctarum, eò quod ad prima lunæ cornua,atque tetrachordum ſupre-
                                    T 2   marum

marum ex diametro oppoſitam efficiant conſtitutionem & Diapaſon uniſonum. Deinde uſque ad occultationem & ad ſecunda lunæ
cornua cadens configuratio reſpondeat tetrachordo excellentium,
etenim & hic ad primam gibboſam lunam & ad tetrachordum mediarum fit ex diametro oppoſita conſtitutio & Diapaſon uniſonum.
Suntq́; occultationum uſque ad apparitiones interualla quæque in
acronyctis accidunt, & à ueſpertino exortu uſq; ad matutinos oc-
caſus, aut in pleniluniis fere pro duodecima ſignifeti parte ſeu uncia, quemadmodum interualla diſiunctionum comprehenduntur
tono : reliquarum uero quatuor configurationum unaquæquæque
ſignis conſtat duobus & ſemiſſe, quo pacto etiam ſingula quatuor
tetrachorda tonos continent fere duos, & ſemiſſem. Porrò ad hæc
in luna, quæ ſibi è regione opponitur configurationes in unum reſpectu uniuerſi conſpirant, haud aliter ſanè ac Diapaſon ſonantes
uoces unum quid iuxta ſimilem occupationem efficiunt.   ⁓,

Q Væ igitur communiter reſpondeant in conſonantiarum interuallis : & in corporum cæleſtium motionibus, ita compa-
rando intelligere licet : reſtat uidere etiam ea, quæ particulatim ue-
riſimiliter per effectos numeros, perq́; his comprehenſas rationes
aſtruuntur. Quippe diuiſo toto circulo in 360 partes, quando ex
diametro opponitur ſoli luna, uel errantium ſtellarum quæuis, tunc
interiectum interuallum eſt partium 180, quæ in circulari intelle-
ctæ ſint circüferentia. nam hæ duplicatæ efficiunt totius circuli numerum 360. Cum autem triangulari aſpectu reſpiciunt ſe mutuo,
diſtare ipſas, dico partibus 120, quod hæ triplicatæ reddant totius
circuli numerum 360. Sed quadrata configurari ſpecie diſtant par
tibus circüductæ lineæ 90 efficiunt 360. Porrò cum hæ ſextili ſe
reſpiciunt diſtantiam, putamus eſſe partium 60, quippe ſepties 60,
iterum reddunt 360. Is igitur ſi compares abſolutam Muſicæ com
plexionem reſpondebunt inter ſonos, qui ſtabiles ſunt, ſtatui horum
arithmeticorum interuallorum hoc pacto : nempe aſſumpta ſtatui
180 partium. Suprema uero mediarum ſtatui & 10 partium : ultima
diſiunctarum ſtatui 90 partium ac ultima excellentium ſtatui 60.

Poſtremo

Poſtremo qui diſiunctarum continent tonum duo ſtabiles ſoni reſpondebunt illi ſtatui,unde principium eſt dictorum interuallorum, ſeu quo in loco intelligitur ſtatus ſolis,aut alterius cuiuſpiam errantium ſtellarum, à quo in utranque partem circuli interuallorú menſuræ diſiunguntur.

*Vt per numeros accipi poſſint propriorum motuum ra-
tiones.*   *Cap.* 14

I̔Is ita habentibus quadrati quidem interualli numeros & amplius 60, quæ ſexanguli ſunt, efficient duo rationum interualla, tum ſeſquialteræ, tum ſeſquitertiæ iuxta ſimilitudinem duarum harmoniæ primarum conſonantiarum Diapente & Diateſſaron. Sicut autē in muſica hæ duæ primæ conſonantiæ compoſitæ efficiunt Diapaſon uniſonum, ita & hic dictarum duarum rationum interualla compoſita, nempe ſeſquialteræ & ſeſquitertiæ edent duplam rationem proportionalem Diapaſon uniſono. Porrò ſi cum his componas etiam circuli totius 360 partium numerum habebis, erga nonaquinta quadruplam rationem proportionalem ipſi Biſdiapaſon in muſicæ perfecta complexione. Iam alio quoque modo ex ipſis ſigniferi duodenis partibus inuenias candē rationum, ſimilitudinem ſi preſſius inſpexeris. nam 120 partes quatuor ſignorum continent interuallum, at 90 trium, 60 uero duorum, quorum medio in loco ſitus ternarius ad 4 quidem comparatus rationem edit ſeſquitertiā, ad duo uerò ſeſquialteram è quibus ambabus, dupla ratio componitur, ut ea, quæ eſt 4 ad 2, quibuscollatus duodenum quoque ſignorum numerus totius circularis circuitus efficiet, & ille erga 3 quadruplam rationem pro debita conſequentia ipſius Biſdiapaſon in Muſicæ perfecta complexione. Quia uerò multi angularum meminimus, triangularum, ſcilicet & quadratarum & ſexangularum configurationum omnino ſequi neceſſe erit, ex ipſis quoq; angulis quæque alia oſtendere liceret, ſimiliter ſe habere ac modulationi conuenientes rationes: uerum ad præſentem uſum ſufficere putantes propoſitam inſtructionem, alia complura donec otij pluſculum erit differentias.

Vt

Vt errantium stellarum familiaritates comparentur in quas ha-
bent soni.   Cap. 15.

NEquis autem putet duntaxat Iouis sonitum utrique luminum
consonare, Veneris uerò tantum Lunæ, quàdoquidem tonus
non est in ratione consonantiæ: etenim hic lunaris est sectæ: porro
Iouis sonitus relinquitur solaris: eundem in modum, quia & male-
ficarum uterque sonus cum utroque beneficarum consonãtiam efficit Diaressaron, scilicet Vltima excellentium Saturni ad ultimam
disiunctarum Iouis: ultima uerò coniunctarum Martis ad mediam
Veneris. Sequitur autem id quoque, ut Saturni sonitus solaris fiat
sectæ potius, Martis uerò lunaris, quamobrem & configurationum
illæ,quæ Saturni sint ad Iouem omnes beneficæ constituuntur: quæ
uerò Saturni sunt ad Solem triangulæ tantum, ut consonantiores
cæteris. Non absimili ratione & Martis ad Venerem configurationes adq; Lunam non omnes rursus, sed tãtum triangulæ: contrariũ
fit in Saturno, cuius ad ~~luminum~~ Venerem omnes configurationes
sunt prauæ: Martis uerò ad Solem omnes periculosæ.

Libri tres Cl. Ptolemai Harmonicorum,
Finis .

ARISTOTELIS

ΠΕΡΙ ΑΚΟΥΣΤΩΝ,
Ideſt de Obiecto Auditus, ſiue Audibilibus.

Ant. Gogauino Grauienſi Interprete.

ARISTOTELIS

DE OBIECTO AVDITVS,

siue de Audibilibus, liber pene integer
apud Porphyrium conseruatus.

Ant. Gogauino Grauiensi, nunc primum editus.

O c a s omnes & soni,uel corporum, uel aeris ad corpora impulsum sequuntur, non quòd aer figuretur,ut nonnulli putant : sed quia mouetur conformiter côractus ipse & extensus atque interceptis, complodiés etiam ~~serierum~~ ob ~~spiritum~~ & chordarum, ~~qui fiunt ictus.~~ Cum enim spiritu aer, qui deinceps est,uerberatur, hic sane ui mouetur unaq; contiguum sibi aerem impellit , ut quoquo uersum extendatur uox similiter , quatenus per aeris motionem licet : diffunditur enim amplius , uiresq; acquirit eundo ipsa uis, quemadmodum & flatus qui ab omnibus, aut regione aliqua expirant. Voces autem circa fiunt & obscuræ, quoties suffocato aere contingunt : splendidæ uero claræq; , cum ulterius penetrant, omnemq; uicinum replent locum. Sed respiramus quidem omnes aerem eundem, spiritum uerò uocesq; edimus diuersas propter uasorum subiectorum differentias, per quæ cuiusque spiritus transit in eum , qui deinceps habetur locum : hæc autem sunt, arteria & pulmo, & os. Plurimum igitur ad uocum discrimina uariâda faciunt, tum aeris ictus, tum oris figurationes, ut liquido patet : etenim differentiæ sonorum omnes fiunt ob causam huiusmodi, uidemusq; eosdem homines imitari, tam hinnitus equorum, quàm uoces, stridoresq; ranarum, lusciniarum & gruum,aliorumque animalium pene omnium, eodem tamen usos, tum spiritu, tum gutture tantum diuersimode aerem eodem ex ore efflantes : aues quoque multæ ubi audierint aliorum uoces imitantur dicta de causa.

Pulmo

Pulmo autem ſi paruus fuerit, ac denſus durusque neque recipere
aerem poteſt in ſe multum, neque rurſus emittere ac neque ualidũ
ingentemq; iſtum ſpiritus edere : enimuero cum rigeat, denſuſq; &
conſtrictus non cedat, diſtendi ſane in amplum ſpacium nequit, neque rurſus ex magno interuallo ſeipſum contrahens, ui ſpiritum exprimere, quemadmodum neque nos ueſicis, quando duriores fuerint, & neque diſtendi, neque comprimi facile poſſunt. Id enim eſt
illud, quod ſpiritus iſtum reddit uegetum, ubi pulmo ex magna in-
tercapedine colligens ſeipſum, aerem uiolenter elidit. Manifeſtum
uero id eſt, neque enim aliarum partium ulla è parua diſtantia poteſt ictum ingentem edere : neque enim crure, neque manu uerbe-
rare poſſumus uehementer, neq; quod uerberauimus proiicere ulterius, niſi quis ſe longius ſubducens, maiori ex interualli ictum
exſuſcitet : ſin minus, dura quidem fiet percuſſio ob intenſionem,
ſed proturbare ulterius rem minime poterit, quando neque cata-
pultæ longius proiicere telum, neque funda, neque arcus poterit, ſi
ob duritiem inflecti. & neruus reduci nequiuerit in ſpacium liber-
rius. Si uero ingens ſit pulmo & mollis, ſatiſque robuſtus, multum
aeris poteſt recipere emittereq; tam própte, quàm ei uidebitur ob
mollitiem, & quia facile contrahitur. Guttur uero ſi longum quidem fuerit & anguſtum egrè uocem emittit, nec ſine ui multa, quod
ibi longius quoque oporteat ſpiritum deferri. Clara uero hæc ſunt:
omnia enim quæ collis longioribus prædita ſunt animantia, graua-
tim & cum uehementia uocem edunt, ut anſeres, & grues, & galli.
Magis autem id manifeſtum eſt in tibiis, ſiquidem omnes difficulter
ſpiritu implent eas, quas Bombycas uocant, nec ſine contentione
multa, ob longitudinem diſtantiæ. Adhæc ſpiritus ob loci angu-
ſtias ubi attritus in ambientem exciderit, ilico diffinit & diſſipatur,
quemadmodum & defluxus, qui per euripos feruntur, adeo ut uox
nequeat conſtare, neque in multum ſpacium peruenire : ſimul &
omnium ægerrime depromi, diſpenſariq; oportebit, ſicut editum ſpí
ritum, neque facile ad uſum ſuppetere. Porrò in quibus magnum
eſt arteriæ interuallum, in his quidem extra peruadere ſpiritum con
tingit facile, intus uero delatum diſſipari ob ſpacij uaſtitatem : itaque uox inanis minimeq; ſibi conſtans edetur, ac prætere a diuidi
diſpenſariq; in his ſpiritus non poterit, quod collidi ad arteriam con
firmariq; nequeat. Quorum uero inæquabiles eſt arteriæ interca-

V pedo,

pedo, neque undiquaque similiter distat hos omni difficultatis genere conflectari necesse est, etenim inæquabiliter eis spiritum suppetere necesse est, & hic quidem collidi, alibi uero rursus diffinien-
di. Breuis autem arteria cito quidem spiritum emittet, istumque
aeris uehementiorem edet, atque omnes huiusmodi acutiorem uocem edunt, quod uelociter spiritus moueatur. Neque uero duntaxat instrumentorum discrimina, uerum & affectiones omnes uocem
uariant, ut cum fuerint humore nimio oblita plenaque, tum pulmo,
tum arteria, diuellitur spiritus: neque in ambientem penetrare potest côtinue, quin impingat, fiarq; obtusior, crassiorq; & flacciditate
ad motum ineptior, quemadmodum & in defluxionibus à capite &
crapulis euenit. Quod si aridior fuerit spiritus, omnino uox quoque durior, magisq; disperfa sequetur: continet enim humiditas,
quando tenuis fuerit, aerem: & quâdam uocis simplicitatem efficit.
Vasorum igitur & earum, quæ in iisdem accidunt affectionum differentiæ huiusmodi singulæ uoces reddunt. Cæterum uoces uidentur sane esse in iis locis, in quibus unaquæque earum efficitur: audi-
mus uero omnes eas, quando in auditum nostrum inciderint: enim
uero impulsus ab ictu aer aliquo usque sanè continuus fertur, deinde paulatim semper dimouetur magis, atque hoc cognoscimus so
nos omnes, tâ eas, qui longe, quàm qui prope eduntur. Manifestû
id uero est, nam si quis facile aut tibiam, aut tubam, alteri ad aurem
admouens per ea loquatur, uidebuntur uoces omnes planè accidere prope auditum, eo quod non dispergitur aer inter proficiscendû,
immo uox conseruatur similis ab organo eam continente, ueluti
etiam in pictura, ubi quis coloribus, hoc quidè simile expresseris,
ei quod longinquum sit, illud uero ei, quod propinquum sit, uidebitur sane illud à tabula separatum esse, hoc uero in ea contineri,
cum tamen ambo in eadem sunt superficie, sic etiam in sonis & uoce: quando enim diffusa iam uox quædam in auditum incidant,
aliaq; continua quædam, ambabus ex eodem ad eundem locum de-
uenientibus, illa quidem distare longius ab auditu uidetur, hæc
autem prope accidere, propterea quod illa longinquæ similis sit,
hæc uero propinquæ. Porrò claræ potissimum uoces eduntur, ob
elaboratos exactè sonos, siquidem fieri non potest nisi perfectè hi
dearticulentur, ut liquidæ uoces fiant, quemadmodum & annullo-
rum sigilla, nisi exactè imprimâtur. Qua de causa neque pueri clare
                                                        effari

effari poſſunt, neque ebrij, neque ſenes, nec quotquot natura balbi
ſunt, neque omnino quorum linguæ & ora difficile mouentur.
Nam ueluti æra & cornua, ſi una cum organis perſonent, eorum uoces minus manifeſtas reddūt: ita in ſermone quoque plurimum de
claritate auferunt, qui excidunt flatus, niſi imprimantur ſimiliter,
neque duntaxat ſeipſos offuſcant, uerumetiam lene articulatos ſonos impediunt, quod inæquabilis eorum motio auditui offeratur:
idcirco magis etiam loquente uno intelligimus, quàm multis ſimul
eadem dicentibus, quemadmodum & in neruis, multoq́; minus ſi
pulſata cithara quis una tibiam inflet, præterea quod uoces unum
ab alteris confundantur. Nec uero minime id in ſymphoniis, ſiue
concentibus manifeſtum erit, quippe ambos abſcondi, obſtruiq́ue
contingit ſonos à ſe mutuo. Minus igitur claræ ac diſertæ uoces ob
dictas iam cauſas fiunt. Splendidæ uero efficiuntur ueluti in coloribus: etenim & illic, qui maxime queunt uiſum excitare, hos contingit colorum ſplendidiſſimos haberi, eundem ad modum inter
uoces eæ. habendæ ſunt ſplendidiſſime, quæ cum incidunt, aures
quàm maxime permòuent. Tales uero ſunt liquidæ & denſæ, pu-
ræq́;, & quæ longius penetrare queant. Etenim in aliis ſenſibilibus
omnibus, quæ uehementiora, denſioraque & puriora ſunt, ſenſus
quoque manifeſtiores edunt: quod etiam hinc intelligas, nempe
ad poſtremum uoces omnes obmuteſcere intuitus, nimirum aere
iam plane diffuſo. Patet id quoque in tibiis: nam quæ lingulas
habent obliquas, uocem ſane molliorem reddunt, non tamen perinde ſplendidam, propterea quod ſpiritus recta delatus in amplum ſpacium incidit, & ſine contentione fertur, neque conſiſtit
uerum diſpergatur. In aliis autem lingulis uox quidem fit durior
& aſperior, ſplendidiorq́;, ſi quis eas labris magis calcet & compri-
mat, eo quod flatus uehementer fertus. Voces ergo ſplendidæ ob
huiuſmodi cáuſas fiunt. Verum, ut in coloribus non ſemper præfe-
runtur fuſcis candidi, ita & in ſonis ad animi affectiones quaſdam,
& ad prouectiorem ætatem magis conducunt uoces nonnihil aſpe-
ræ, parumq́; admiſtæ, quæ neque ſplendorem nimis apertum præ ſe
ferant, ſimul neque ob contentionem, perinde ſint inobedientes.
Quicquid enim ui fertur ægre diſpenſatur, quippe id neque inten-
das facile ubi uelis, neque remittas. Porro in tibiis efficiuntur uoces ſplendidæ, necnó in aliis organis, quando is, qui incidit flatus,

fuerit denſus & intenſus : neceſſe.n.eſt etiã externi aeris tales fieri
ictus ac potiſſimũ uoces ita dimitti uſq; ad auditũ ſibi conſtãtes, quẽ
admodũ & lumen & caliditates, enimuero omnia hæc, quo rariorã
ſub ſenſum accidunt, eo quoq; obſcuriora & minus ſignificantia faciunt : non ſecus atq; ſapores aqua diluti, aut aliis ſaporibus pmixtæ
quippe dũ ſui ſpeciem unaquæq; res oſtẽdit, alterius poteſtatẽ apud
ſenſum obſcurat. Aliorum uero organorũ, puta cornuum ſonitus ,
licet denſi & continui in aerẽ procidant, uoces tñ obſcuras reddũt :
quãobrem opottet cornu naturali incremento æqualitatem lævita-
temq; obtinuiſſe, neq; celeriter creſcẽdo procurriſſe : quippe neceſſe
eſt molliora laxioraq; eſſe huiuſmodi cornua, tñ quibus proinde &
ſoni diuelluntur, neq; per ea continui excidunt, deniq; non ſimiliter
robuſti uegetiq; ob mollitiem & raritatẽ meatuum fiunt : neq; tñ eadem rurſus ægre creuiſſe natura cõuenit, ut nodoſa denſaq; & dura
ſubſtantia motuũ ſpiritus ne impediat. Nã ubiubi impegerit delatus
ſonus, ibi ceſſat : neq; ulterius penetrat ad externum locũ, quocirca
multos & inæquales neceſſe erit horũ cornuum fieri ſonos. Quod
aũt delato fiat per rectam lineã, manifeſtum eſt in oſſibus atq; oĩno
in lignis magnis, cũ ea explorare fabri uolũ.percuſſerint ea ab uno
extremo, ſonus fertur ad alterũ continuo, niſi lignum aliqua perfo-
ratum, rimoſumq; ſit : alioqui cũ hucuſq; peruenerit, ibi diuulſus re-
ſiliat : reflectitur etiam. reiciturq; à nodis rectũ eius iter abrũpenti-
bus. Id uero manifeſtum eſt in ære quoq; cũ ſtatuis annexos ſtylos,
aut alas delimant friſores. Nam ſibilum ſonumq; multum edũt, qui
ubi faſciã circũligaueris ilico ceſſat : quippe hucuſq; progreſſus tre-
mor, ubi in molle offendir, ubi intercipitur & ceſſat. Multum etiã
cornuum arſatio ad ſoni præſtantiam facit : enimuero quæ magis
torrentur, ſonitum ſimilem acquiruntur uaſi fictili ob duritiem &
combuſtionem. Qui uero illa minus quàm par eſt, uſſerit, tenerius
profecto ob mollitiem reſonabunt, uocem uero ignobilem, & non
ſimiliter omni ex parte perceptibilem edent : quamobrem & æta-
tes quæque ſuas experunt : quippe ſenum ſunt ſicca, poroſa, & laxa,
iuuenum uero tenera penitus & plurimum in ſe humidi continentia. Oportet autem eſſe (quẽadmodum dictum eſt) cornu ſiccum
ac denſum æquabiliter rectiſq; meatibus peruium & læue. ſic.n.po-
tiſſimum acciderit, & ſonos dẽſos læueſq; per ipſa deferri & externi
aeris ictus fieri tales : quãdoquidẽ & chordarũ quæ læuiſſimæ ſunt,

optimæ

optimæ habentur omnibus & æquabiliſſimæ: cũ undiq; ſimilem tra-
ctatiouem obtineant, & fibrarum cõmiſſuram ſenſui minime mani-
feſtam: ad hunc enim modũ contingit, & ab his aerem æquabiliter
uerberari. Cæterum & tibiarũ linguas decet eſſe denſas & æquabi-
les læueſq;, nimirum ut & ſpiritus per eas trãſeat læuis, æquabiliſq;:
& neutiquã diſperſus. Quare & iuga ubi maduerint, aut ſputum im-
biberint, melius ſonant: dum ſicca manent, haud ita: ſiquidẽ aer per
humidum, & læue fertur mollis & æquabilis. quod etiã inde conſtat,
qñ idem ſpiritus, ubi poſſederit humiditatẽ, nullo minus offendit
ad iuga ac diuellitur: ſiccus autem magis impingit, iſtumq; duriorẽ
efficit ob uehementiam. Sonorum ergo differentiæ fiunt ob cauſas
iam dictas. Iã duræ uoces conſtituuntur, quoties uehementer in auditum ingruunt, quocirca etiam moleſtiã exhibent maxime. Tales
uero ſunt quæcunque difficilius mouentur, maioreq; cum molimine
feruntur: quod enim facile, celeriterq; cedit, non poteſt iſtum ſu-
ſtinere, quin prius exiliat. Conſtat id uero: nam tela, quæ prætumi-
da ſunt, uehementiſſimo feruntur motu: & fluxiones, quæ per Euripos decurrunt: etenim hæ quoque ualidiſſimæ in ipſis fiunt angu-
ſtiis. ubi credendi celeriter non eſt locus, quare maiore impetu ur-
gentur: itidem in uocibus ſoniſq; accidit, ut liquido patet. Omneſ
enim uehementes ſoni fiunt ſuperiores, quemadmodum arcarum
& cardinum quando ualidius aperiuntur, adhæc æris & ferri. nam
& ab incudibus editur ſonus durior, ubi ferrum ſubigitur iam refri-
geratum ac durum: præterea è lima quoties ferramenta limantur,
figurantur ferræ. Quin & tonitruum uehementiſſimi quique duriſſi-
mi ſunt, ut & aquarum uortices: nimirum celeritas ſpiritus uocem
efficit acutam, uehementia uero duram; quapropter non ſolum eue
nit eoſdem, nunc quidam acutius, nũc uero tardius. quin & durius
molliuſq; dicere. Etſi nonnulli arbitrãtur ob duritiem arteriarum
uoces effici duras, quos falli certum eſt. Nam id parum admodum
præſtat omnino, uerum ſpiritus uehementer à pulmone concitatus
ictus. quemadmodum enim & corpora, nonnullis quidem ſunt hu-
mida molliaq;, aliis dura & rigenta, ad eũdem fere modum & pulmo: Quare uni mollior ſpiritus expirat, alteri durius & uegetus.
porro quod arteria per ſe exiguam præbet facultatem, facilius co-
gnoſcas in eo, quod nulla ſit arteria dura, perinde ut tibia, nihilo tamen ſecius per ipſam delata ſpiritus, hi quidem canunt mollius, illi
uero

uero durius. Manifeſtum, ideſt uero etiam ſenſu: nam ſi quis intendat ſpiritum uehementius, illico uox efficitur durior ob uim, etſi ſit mollior eundem ad modum in tuba quoque: qua de cauſa omnes, ubi eam feſtis epulis & tripudiis adhibent, remittunt ſpiritus contionem, ut ſonum quàm moliſſimum efficiant. Adhæc in organis idem conſpicitur: nam chordæ contortæ, quemadmodum dictum eſt, uoces edunt duriores, & cornua ambuſta: ac ſi chordas manibus durius contrectes, minimeq; molliter, neceſſe eſt reſponſum quoque eas reddere ualidiorem: quæ uero minus contortæ fuerint & cornua, quæ crudiora ſint, uoces præ ſe ferunt molliores: ut & longiora organa; quippe aeris ictus grauiores mollioreſq; ſiunt, ob longitudinem locorum: contra, quæ breuiora ſunt, durius ſonat ob chordarum contractionem. Id etiam ex hoc addiſcas, quod eiuſdem organi duriores contingit eſſe uoces, ubi quis non in medio chordas pulſet, eo quod prope iugum, & quod Chordotonum uocant, ab intendendis chordis, magis hæ tendantur. Accidit uero etiam ut ferulacea organa uoces edant teneriores: enimuero ſoni in molle incidentes, non perinde reſultant cum uehementia. Exaſperari uero contingit uoces, quando non unus ſit acris totius ictus, ſed in multas partes paulatim diuulſit: quippe per ſe aeris ſingulæ partes ad auditum obiectæ, ueluti ſi ab altera uerberatione procederet, ſenſum diſtrahunt, ut ei uideatur una uocis pars deficere, altera ualidius increbeſcere, unde contactus in auditu ſit inæqualis, quemad modum ubi aſperum aliquid cuti noſtræ occurrit. Maxime tamen id euidenter in lima apparet. nam quod aeris percuſſio non ſimul ſit, uerum paulatim & multas ex partibus, aſperi ſoni ex ipſis ad auditum accidunt, & potiſſimum ubi ad durum quiddam atteruntur, ueluti etiam in tactu: ſcilicet dura & aſpera uehementius ſenſum mouent. Manifeſtum id eſt in fluxionibus quoque. Nam olei inter omnes liquores ſonus obſcuriſſimus eſt ob continuitatem partium. Tenues uero ſunt uoces, quando modicus fuerit ſpiritus qui efflatur, quocirca in pueris quoque exilis conſpicitur uox, & in mulieribus, atque eunuchis. Similiter autem qui cófecti ſunt, ac reſoluti, uel morbo, uel laboribus, uel nutrimenti deſiderio, plurimum ſpiritum efflare ob imbecillitatem non poſſunt. Patet etiam in chordis: quoniam ab exilibus etiam uoculæ exiles anguſtæq; & capillares efficiuntur: eo quod aeris quoque percuſſio ſiat

in

in angufto: qualia enim impulfi aeris momenta fuerint, tales etiam
oportet effici penes auditu uoces, puta raras, aut denfas, mollesve,
aut duras, tenues, aut craffas. femper enim alius aer alium mouens
fimiliter, uocem edit fimiliter omnem, quemadmodum fe res habet etiam in acumine & grauitate: enimuero & celeritates percuf-
fionis aliæ aliis fuccedentes, conferuant uoces principiis fuis congruas: ictus uero ferunt aeris à chordis plurimi & feparati, fed ob
exiguitatem intercedentis temporis nequeunte auditu difcernere
interualla, uidetur nobis una continuaq; uox effici: non fecus ac in
coloribus quoque: etenim & hi cum fæpenumero diftent, uidentur
nobis fe mutuo contingere, cum uelociter mouentur. Idem uero
accidit in confonantiis; præterea enim quod comprehendantur alij
foni ab aliis, unaq; requiefcant, fugiunt nos interiectæ idéridem uo
ees. Sæpius enim in omnibus confonantiis, licet ab acutoribus fonis, primo fiant ueris ictus ob motus celeritatem: poftremus tamé
fonus una nobis ad auditum peruenit, etiam à grauiore chorda editus, eo quod auditus fentire nequit, quemadmodum ductum eft, in-
teriectas uoces, unde uidemur nobis fimul continuoq; ambos ex-
audire fonos. Craffæ autem efficiuntur uoces è contrario, quando
fuerit fpiritus multus & confertim expirat: quapropter & uirorum
funt uoces craffiores, & integrarum tibiarum ac potiffimum, ubi
quis eas flatu impleuerit. Id uero manifeftum eft: etenim fi quis
iuga compre.fferit acutior uox fuerit & tenuior: ac fi contrahat quis
fiftulas, atque occupauerint per totum, maior tumidiorq; uox uidetur ob multitudinem fpiritus, quemadmodum & in craffioribus
chordis. Craffefcunt uero & hircire incipientibus & raucis, ac poft
uomitus propter arteriæ afperitatem, & quoniam non educitur fine offenfione uox, non mirum fi ibi conuoluitur & conglomeratur,
atque ita intumefcat, potiffimè ob humiditatem corporis. Canoræ
autem uoces funt tenues denfeq; ueluti & in cicadis & locuftis: ut
& lufciniarum cantus, & omnino quoties exilibus uocalis alienus
fonus admixtus adeft. Omnino enim neque humidam uocem ftri-
dulam intelligas, neque remiffam nimis grauemq; neque in con-
ftantibus fonorum, fed potius acumine & tenuitate accurataq; ela-
boratione conftat: quàobrem & organorû quæcunq; tenuia méfaq;
funt, cornuq; carent, uoces obtinét magis canoras. Nã qui ab aquis
fonitus, aut alicunde accedit, continet fonorû exactam rationem.

Marcidæ

Marcidæ uero & fluxæ uoces sunt, quæcūq; cum aliquatenus continuæ fuerint, diuellūtur : quod cuidētissimū est in uase fictili : quippe uas omne ab actu disruptū, edit sonum flaccidū & euanidū, diuulsā, .simotione circa istū, ut nequeant amplius continui esse, qui procedunt soni. Non absimiliter id euenit etiā in fractis cornubus, ac in chordis desibratis. nimirum in omnibus huiusmodi aliquo usq; sanè sonus continuus fertur, deinde dispergitur, prout continuū non est, quod subiicitur, quocirca non una fiet percussio, sed dispersa, uidebiturq; sonus emarcidus. Fere.n.similes hæ sunt uoces asperis, nisi quod hæ quidē sunt à scinuicē in exiguas partes diuulsæ : marcidarū uero plurimæ principio quidē sunt cōtinuæ, deinde in plures partes diuiduntur. Aspiratæ uero sunt uoces, quæ intus spiritū recta eiectum una cū sonitu emittunt. Tenues sunt è contrario, quoties efficiuntur sine spiritus eiaculatione. Abrūpi uero continget uoces, qn nondum queunt aerē cum ictu emittere, sed quod circa pulmonem est spaciū in ipsis à distantia exoluitur : quippe & pulmones quéadmodum & crura & humere, exoluuntur tandē ualde & labascunt. Cum uerò leuis sit spiritus, quod minime uehemens eius actus accidit simul qa exasperata est arteria in ipsa uelut, non pot spiritus extrorsum ferri continuus, sed diuulsus, quare ueluti abruptas oportebit fieri eorū mores. Quáuis non desunt, qui existiment propter spiritus lentorē, ipsi penetrādi uim deesse ad ambientē : uerum falluntur ij : nam loqui hos constat, sed non ita, ut in omem partem clarè audiantur, propterea q non intensè aerem uerberant, sed uocem duntaxat edunt, tanq ab ipso gutture spiritū exprimétes. Sed horū, q tenui sunt uoce, neq; in uernis, neq; in arteriis est uiciū, sed in ipsa motione linguæ. Difficulter.n.ipsam circūferunt, ubi aliū oportet sonum exprimere, quapropter multo tépore idem uerbum dicunt, cum nequeāt, quot deinceps est, effari: sed continue motus pulmo eorū in eodē proposito momento fertur ob multitudinem & uim spiritus. Quéadmodū enim & corpus uniuersum in his, qui currunt uehemēter, difficile est ex uno impetu in alteram motionē conuertere, ita & in singulis particulis euenit : quocirca nequeunt sæpius id, quod deinceps est dicere, quod uero id sequitur facile enunciant, ubi aliud motus initium fecerint. Manifestum uero est id in itascētibus, quibus ea res sæpenumero usu uenit, quod in his increbrescentis spiritus commotio ualidior fiat.

Aristotelis de Audibilibus finis.

PORPHYRII

DE DECEM PRAEDICAMENTIS

liber, seu potius pars libri de
Pradicabilibus.

Ant. Gogauino Grauiensi interprete.
nunc primum editus.

PORPHYRII
DE DECEM PRAEDI-
camentis liber, seu potius pars libri
de Prædicabilibus.

Ant. Gogauino Grauienſi Interprete,
nunc primum editus.

Aм uerò de rebus agendum, quas nonnulli ſanè decem categorias, ſeu prædicamenta uocant. Primum enim ſubſiſtůt
res ipſæ, poſtea inuenta rebus noĩa
fuere: neq; enim primum uocabulis poſitis res adinuenimus, ſed à ſubiectis nobis rebus nominum poſitionem appeti-
uimus. Videntur igitur res tam apud
Grȩcos, quàm apud Barbaros, decē per-
hiberi numero: Subſtantia, Quantum, Quale, Ad aliquid, Vbi,
Qñ, Situm eſſe, Habere, Agere, Pati. Hæc autem appellarunt alij
ſanè aliter, Ariſtoteles uero Peripateticus decem Categorias,
ſeu Prædicamenta, eo quod de re quapiam prædicantur. Amplius uero ſubſtātia quidem, de quid: Quale de forma, ſiue idea:
Quantū, de magnitudine: Ad aliquid, de habitudine: Vbi, de lo
co: Quando, de tépore: Situm eſſe, de poſitione: Habere de oc-
cupatione: Agere, de efficere: Pati, de effici. Scorſim ergo & per
ſe unumquodque horum imperfectum eſt, tam quod ad uocem,
quàm quod ad ſignificatum attinet: uerum inter ſe operas mutuas tradunt & inuicem per ſe omnia ſignificant. ut uerbi gratia, ſecundum Subſtantiam, homo; ſecundum Qualitatem, pul-
cher,

cher, uarius, grammaticus ; fecundum Quátitatem, magnus, paruus ; fecundum Vbi, in Lycio , in Academia; fecundũ Quando ,
nuper, fuperiori anno : fecũdum Ad aliquid, ut pater, filius : fecun
dum Habere, indutum effe, armari : fecundum Pofitũ effe, ftare,
federe : fecundum Agere, accufare, fecare : fecũdum Pati, accu-
fari, fecari. Omnibus his congredientibus fubftantia perficitur
& fubiecta res, ut equus albus magnus in Lycio heri fcitè frena-
tus ftabat, huc illuc agens actusque. Quandoquidem uero de
decem his dictum eft, quod totidem funt numero res, quæ fubfiftunt, & hæ fcilicet quæ dictæ funt, & extra has nihil, neque una
pro altera, intelligendum quod eadem hæc decem in duas rurfus
facultates rediguntur, in fubftantiam nimirum & accidentia fubftantiæ. Subftantia quidem ipfum quid & exiftens, quod dicimus
τυγχάνον, ut homo, equus : fi uero fubuertit, mundus, terra, arbor.
Nouem uero quæ huic fubftantiæ accidunt. Dicimus autem
quod res exiftens eft corpus, quod tactu, uifuq; ufurpamus : no-
nem illa uero ei accidere manifeftum eft, neque enim ipfum quid
fibi accidit, neq; fequentibus, quæ funt nouem Quale, Quantum,
& cætera : quippe homo homini non accidit, neque profectò pul-
chro & turpi : aut fimo, aut tenui : fed è contrario hæc homini acci
dunt gracile, fimum, aut turpe, aut pulchrum. Similiter uero neque mel accidit dulci, quin potius dulce melli. Omnino uero, ut
femel dicatur, non corpus incorporeo, fed hoc illi, ut fimitas homini, dulcedo melli & flauedo, ficuti neceffarium eft, & graue, &
cubitale, & amarum accidere alicui. Neque fanè intelligat quifpiam animal homini accidere, neque Socrati hominem : fpecifi-
catur enim homo fecundum animal, & Socrates fecundum hominem, ipfaq; definitione hominis animal continetur : quemadmodum in fpecie genus : non album, neque nigrum , neque aliud
quoduis accidentium. Eadem quoque ratio de Socrate, neque
enim hunc exprimere fine homine poffumus : enimuero ficut homo animal eft, ut Socrates homo : fpecies enim animalis quidem
eft homo, hominis uerò Socrates. Tempus autem & locus, id
eft Vbi & Quando in homine fubfiftunt, etenim homo & in loco
eft & in tempore. Accidentia uero funt, qui per fe quidem non
funt, fed in aliis, aut cum aliis. Quippe dulce, aut amarum, aut

tricubi-

tricubitale in aliis funt : locus autem & tempus cum aliis . Quod,
ut manifestius fiat, dulcedo quidem in melle, uas autem cum ipfo
melle eſt, cius enim dicitur eſſe uas , quod continet & locati corporis locus, quemadmodum Aeſchines dixit eandem officinam
à fabro ærario, eam inhabitante ærariam dici : à fullone fulloni-
cam : femperǿ; nomen mutare pro re. Minimè enim ineſt ipſi acti
æris fabrili officina , neque fullonicæ : fed cum ipfa eſt , quamobrem quando cum ipfa extiterit, etiam ab ipſa nomen obtinet :.
ars uero nunquam feparatur ab artifice, unde manet æris fabri
nomen : neque dulcedo feparatur à melle, quocirca ubiubi fuerit mel, accidit ei, ut ſit dulce . Differunt igitur quod propone-
bamus eſſe in aliis & cum aliis, utǿue compendio dicatur, Minerua pulchra eſt in Parthenone (ſic uocant locum uirginibus
dicatum) etenim pulchritudo in ipfa, Parthenon uero cum ipfa
exiſtit . Porrò iam dictorum nonnulla contingentia ſunt, quæǿ
dimittere liceat, alia fecus habent. ſtare enim & canefcere contingit & contra, ſicut federe & non canefcere : uerum enimuero
ſimo, uerbi gratia, non contingit & accidere fimitatem, & non
accidere . Ad hæc in accidentia quædam fecundum quietem accidunt, quædam fecundum actionem : ac quiefcere conſtant accidentia hæc Quantum & Quale & Ad aliquid : neǿ enim cubitale , aut bicubitale in motu uerfatur , neque album, neque nigrum, neque dextrum, neque finiſtrum : fed horum fane cubitale
ad quantum , album uero ad quale , dextrum ad aliquid aliud pertinet, nihilǿue horum in motu eſt : fed immobiliter accidunt .
Agere uero aut pati, & poſitum eſſe, aut habere , fecundũ actionem perhibentur . Album profecto licet eſſe, quamuis non moueatur : fimiliter uero & cubitale : agere uero & pati fine effe-
ctione & motu non funt : ac neque poſitum eſſe & habere : quippe
habitudine quandam unumquodque horum agit : quemadmodum qui femel declaratus eſt pugil, etſi non uerberet, agit : probabile enim eſt : non enim idem eſt indutum eſſe & induci, neque
armatum eſſe idem & armari. nam quæ armat, aut induit agit : qui
uero iam indutus eſt, aut armatus, habere dicitur : uerum hic ar-
ma, ille ueſtes . Conſtat autem omnibus agentibus & quando
& ubi opus eſſe : nam qui agit, non niſi in loco agit & in tempore.

Omnia

Omnia igitur fubſtantiæ accidunt, quemadmodum demonſtratum eſt: Quantum, fecundum magnitudinē: Quale, fecundum ali quid, quod fit in ipſa uel cum ipſa, ut dulce aut pulchrum : fecundum Ad aliquid, ut dextrum aut finiſtrum, ante & retro, furſum aut deórſum, & fecundum quiefcere & moueri, armari aut armatum eſſe, & fecundū urere aut uri: poſtremo Vbi & Quando. Accidunt enim & locus & tempus: quare confiteamur decem eſſe, quæ prædiximus omnia, at primam ſanè Subſtantiam & exiſtentiam alicuius rei, deinde accidentia: Quale, Quantum, Ad aliquid, Situm eſſe, Habere, Agere, Pati: Vbi, Quando: eáq; numero eſſe decem.

Regiſtrum,

A B C D E F G H I K L M N O
P Q R S T V X.

Venetijs apud Vincentium Valgriſium.

M   D   L X I I.

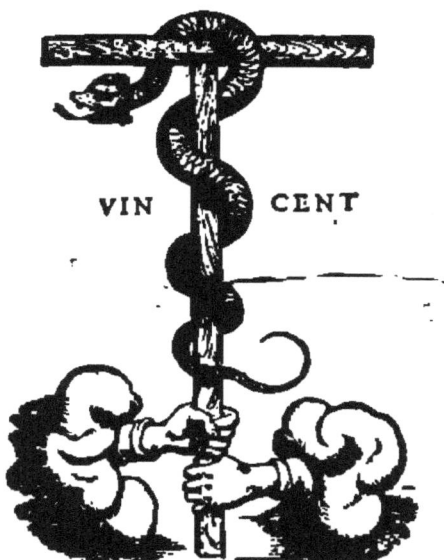

www.ingramcontent.com/pod-product-compliance
Lightning Source LLC
Chambersburg PA
CBHW030850270326
41928CB00008B/1304